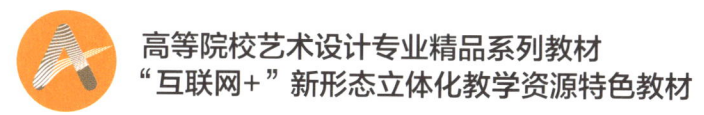

潘鲁生　总主编

文创产品设计开发

Design and Development of Cultural and Creative Products

栗　翠　张　娜　王冬冬　编著

中国轻工业出版社

图书在版编目(CIP)数据

文创产品设计开发/栗翠,张娜,王冬冬编著. —北京:中国轻工业出版社,2024.8
ISBN 978-7-5184-3600-2

Ⅰ.①文… Ⅱ.①栗…②张…③王… Ⅲ.①文化产品—产品设计②文化产品—产品开发 Ⅳ.①G124

中国版本图书馆CIP数据核字(2021)第149418号

责任编辑:毛旭林 徐 琪　责任终审:张乃柬　整体设计:锋尚设计
策划编辑:毛旭林　　　　　责任校对:朱燕春　责任监印:张 可

出版发行:中国轻工业出版社(北京鲁谷东街5号,邮编:100040)
印　　刷:艺堂印刷(天津)有限公司
经　　销:各地新华书店
版　　次:2024年8月第1版第6次印刷
开　　本:870×1140 1/16 印张:6.75
字　　数:120千字
书　　号:ISBN 978-7-5184-3600-2 定价:58.00元
邮购电话:010-85119873
发行电话:010-85119832 010-85119912
网　　址:http://www.chlip.com.cn
Email: club@chlip.com.cn
版权所有　侵权必究
如发现图书残缺请与我社邮购联系调换
241359J1C106ZBW

序言

2021年7月，国家教材委员会印发《习近平新时代中国特色社会主义思想进课程教材指南》通知明确提出：课程教材集中体现党和国家意志，是育人的载体，直接关系到人才培养方向和质量。大学阶段的教育重在形成理论思维，实现从学理认知到信念生成的转化，增强使命担当，引导学生深入地理解习近平新时代中国特色社会主义思想的理论体系、内在逻辑、精神实质和重大意义，增强建设社会主义现代化强国和实现中华民族伟大复兴中国梦的使命感。高等院校教材要系统阐释习近平总书记关于社会主义文化建设的重要论述，展示文化自信是一个国家、一个民族发展中更基本，更深层，更持久的力量，要深刻把握中国特色社会主义道路的历史逻辑，推动中华优秀传统文化的创造性转化和创新性发展。

截止到2021年，我国各类高校2738所，其中本科院校1270所，高职（专科）院校1468所，半数以上开设"设计学类"专业，在学总人数已逾百万，培养规模居世界之首。设计人才已成为深度参与产业升级、塑造文化自信、建设美丽中国的重要力量，此类教材的编写显得尤为重要。2019年11月，中国轻工业出版社与山东工艺美术学院共同举办"全国高等院校'新时代'设计学类本科教学改革与一流课程建设"系列学术活动。其间，中国轻工业出版社王磊光总经理、李颖总编辑一行访问山东工艺美术学院，向我介绍该社正在规划的高等院校设计学系列教材，并邀我担任总主编。由此，我开始思考此套教材的时代背景、学科专业建设需求和总体编写思路。在我看来，这套教材应立足全员育人宗旨，立足"专业+思政"，在遵循设计类学科专业人才培养规律的基础上，应突出强调以下几个方面。

一、突出协同育人效应，专业教材与课程思政有机融合

目前，大学教师中80%是各类专业课师资，而专职思政课教师仅占20%，大学教育如何解决"为谁培养人、培养什么人、怎样培养人"的问题，很大程度上要充分发挥专业课阵地作用，因而设计类教材编写，必须坚持"思政+设计"育人导向，应明确中国站位、突出中国案例、体现中国智慧、展示中国力量、叙述中国成就，充分体现其"课程思政"主战场、主阵地、主渠道作用；激发学生的专业自信心与民族自豪感；树立设计服务民生、设计服务区域经济发展、设计服务国家重大战略的立足点和价值观；培养"知中国、爱中国、堪当民族复兴大任"的新时代设计人才。

二、立足新文科、新工科建设要求，服务设计学科发展和完善

设计学科与新文科、新工科发展密切相关，设计类教材建设需基于新时代新文科、新工科建设要求，服务中国经济转型、乡村振兴，探索设计学一级学科与社会学、经济学、民俗学等学科的关系，强调学科的实用性、交叉性与综合性，具备以产业需求为导向的前瞻

性，以学科交叉为主体的融合性，以实践创新的全面性，服务新技术、新产业、新业态和新模式为特征的人才培养需要。设计学科发展需依托科学技术，服务国计民生，推动经济发展，因此本套系列教材体现新时代设计专业教育的新站位、新要求、新精神，阐释中国设计学的学科体系、学术体系、话语体系和应用服务体系。

三、一流教材与一流课程有效衔接，服务国家"双万计划"

2019年，教育部正式启动"一流本科专业建设点"评定工作，计划三年建设10000个左右国家级一流本科专业点，其中设计学类专业474个，与之相匹配，教育部同步实施了10000门左右的国家级"一流课程"的建设工作。"一流课程"需要一流教材支撑，教材建设作为课程建设的重要组成部分，发挥着搭建教学团队、引领教学理念、固化教学成果、丰富教学资源的重要作用，是一个长期积累、持续改进、厚积薄发的过程。本套教材编写对标"一流课程"，支撑"一流专业"，构建一流师资团队，形成一流课程资源，服务国家"双万计划"。

四、立足文化自信，融入中华传统造物思想观念

"文化自信是一个国家、一个民族发展中更基本、更深沉、更持久的力量"，2017年，国家制定《关于实施中华优秀传统文化传承发展工程的意见》，提出"推动中华优秀传统文化创造性转化、创新性发展"，中华造物思想体现了自然、人文、社会与政治生态观念，在网络时代和国际化大趋势下，中华传统造物体系是世界文化生态的一环，是生产生活的活态文脉，是民族文化的标志。设计学科承担着对中华优秀传统文化创造性转化、创新性发展的重要责任。设计类教材的编撰工作，特别是在相关案例的选择上，更应充分体现中华传统造物体系，让学生在教材中感知中华造物传统与生活方式，汲取传统造物智慧。

这套教材涵盖产品设计、视觉传达设计、环境设计、风景园林、包装工程等设计类专业的主干课程，理论与实践各有所侧重，以"知识阐述"和"项目训练"为模块，并配备丰富的立体化教材资源，强化教学互动，启发学生的创新思维，提升其专业实践能力。作者多为高校一线教师，具有丰富的教学与设计实践经验，相信本套教材定会对设计专业的学习者明确专业方向、构建专业知识、树立价值观念、提升专业技能大有裨益，成为他们设计学习之路上的津梁舟楫。

潘鲁生
辛丑年孟冬于泉城

前言

文化创意产业是一种在经济全球化背景下产生的以创造力为核心的新兴产业，强调一种主体文化或文化因素依靠个人（或团队）通过技术、创意和产业化的方式开发、营销知识产权的行业。

纵观世界各大古文明，中华文明是唯一未被中断、传承至今的伟大文明，在这片文明的土壤上，孕育出了中华民族优秀传统文化，是中华儿女共同的精神家园。新时代，挖掘中华民族传统文化的当代价值，可以唤起全民文化自觉、激发民族文化自信、建设现代文化强国。

笔者在教材编撰过程中，认真贯彻落实二十大精神和党的教育方针，落实立德树人根本任务，响应国家增强文化自信自强战略，研究具有中国特色设计学科体系，将传统文化创新融入教学，设定传统文化创新产品设计课题目标，带领学生深入研究、学习文创产品设计开发的方法与路径，结合社会经济发展需求设计创新产品，获得了大量理论与实践的经验积累；主持并参与多项文创产品设计与经济发展相结合的相关课题，取得了良好的社会反响与设计成果。这些积累为本书的编写提供了扎实的理论与实践基础，希望能为广大文创产品设计者提供设计的可行性方法，这也是笔者编著此书的初衷。

本书在梳理文创产品设计理论与方法的同时注重我国传统文化的提取与再设计，更加侧重设计的实操性，通过一个个设计案例完整地呈现出整个设计过程，让读者可以更加直观地学习并掌握文创产品设计的方法。笔者注重设计与市场的紧密结合，希望为读者建立起多种角度、多种方式的文创产品设计与开发思路。

在本书的撰写过程中得到了很多同行与专家的指导，在此深表谢意！衷心希望本书能得到广大专家与设计者的肯定，希望能在学生学习设计的道路上发挥指导作用，为祖国的文化创新事业贡献力量！

栗翠

建议课时安排

60课时
周课时：12课时
教学周：5周

章节	课程内容		课时	
第一章 文创产品设计内涵	第一节	文创产品设计概述	2	4
	第二节	文创产品的分类	2	
第二章 传统文化元素开发设计	第一节	文创产品开发的驱动力	1	12
	第二节	传统再设计方式	1	
	第三节	文化调研与设计定位	10	
第三章 文创产品设计创新思维方式	第一节	创新思维的途径	2	16
	第二节	创新思维方法	10	
	第三节	设计项目实践	4	
第四章 设计制图	第一节	草图绘制	4	16
	第二节	电脑制图	8	
	第三节	文创产品包装设计	4	
第五章 材料与工艺分析	第一节	材料与工艺	4	8
	第二节	综合材料的设计	2	
	第三节	作品打样	2	
第六章 文创产品案例	第一节	品牌文创案例	1	2
	第二节	文创产品研发案例	1	
第七章 文创产品营销策划	第一节	文创产品的整合营销	1	2
	第二节	文创产品的新媒体营销	1	

目录

第一章　文创产品设计内涵

- 001　第一节　文创产品设计概述
- 001　　　一、文创产品的基本概念
- 002　　　二、文创产品设计的概念
- 002　第二节　文创产品的分类
- 002　　　一、基于结合方式的分类
- 003　　　二、基于用途的分类
- 007　　　章节作业

第二章　传统文化元素开发设计

- 008　第一节　文创产品开发的驱动力
- 008　　　一、区域性文化驱动力
- 008　　　二、经典文化符号驱动力
- 009　　　三、非物质文化遗产驱动力
- 010　第二节　传统再设计方式
- 010　　　一、传统与现代的嫁接
- 013　　　二、提炼文化内核的设计
- 021　第三节　文化调研与设计定位
- 022　　　一、文化调研
- 022　　　二、传统元素提取与产品定位
- 025　　　章节作业

第三章　文创产品设计创新思维方式

- 026　第一节　创新思维的途径
- 026　　　一、物质需求的创新
- 030　　　二、消费潮流创新
- 032　第二节　创新思维方法
- 032　　　一、脑力激荡法
- 032　　　二、分组讨论法
- 032　　　三、逆向思维法
- 033　　　四、属性列举法
- 033　　　五、优缺点列举法
- 033　　　六、七何检讨法
- 034　第三节　设计项目实践
- 034　　　一、灵感的捕捉
- 034　　　二、集体设计讨论
- 035　　　章节作业

第四章　设计制图

- 036　第一节　草图绘制
- 036　　　一、概念草图
- 037　　　二、形态草图
- 037　　　三、结构草图
- 040　第二节　电脑制图
- 040　　　一、文创产品建模效果图
- 041　　　二、文创产品平面效果图
- 043　第三节　文创产品包装设计
- 043　　　一、包装设计
- 045　　　二、包装材料
- 046　　　三、生产厂商选择
- 046　　　章节作业

第五章　材料与工艺分析

- 047　第一节　材料与工艺
- 047　　　一、树脂与塑料
- 049　　　二、陶瓷与玻璃
- 051　　　三、硅胶
- 052　　　四、天然材料
- 052　　　五、金属材料
- 053　　　六、新型材料
- 055　第二节　综合材料的设计
- 055　　　一、材质亮度的对比
- 055　　　二、加工工艺与材质肌理对比
- 057　第三节　作品打样
- 057　　　一、材料实验
- 058　　　二、作品打样
- 059　　　章节作业

第六章　文创产品案例

- 060　第一节　品牌文创案例
- 060　　　一、古生物博物馆文创设计
- 063　　　二、经典文化品牌文创案例
- 072　第二节　文创产品研发案例
- 072　　　一、盛京大剧院文创产品设计案例
- 074　　　二、盘结芳华文创产品案例
- 076　　　三、八旗文创产品案例
- 078　　　四、唐派京剧戏曲文创
- 080　　　五、城市建筑标示
- 082　　　六、植物园品牌设计
- 082　　　七、沈阳故宫博物院经典文物文创设计
- 083　　　八、青山炉文创设计
- 084　　　九、如意形态文创设计
- 085　　　十、狍子形象文创设计
- 086　　　十一、鱼神灯文创设计
- 086　　　十二、朱克柔茶具文创设计
- 087　　　十三、景颇族刺绣文创设计
- 087　　　十四、孔子形象文创设计
- 088　　　十五、其他文创产品
- 089　　　章节作业

第七章　文创产品营销策划

- 090　第一节　文创产品的整合营销
- 090　　　一、文创产品整合营销的基本概念
- 091　　　二、文创产品的整合营销
- 095　第二节　文创产品的新媒体营销
- 095　　　一、文创产品的官方网站营销
- 096　　　二、文创产品电商平台独立网店营销
- 097　　　三、文创产品的社群营销
- 099　　　章节作业

- 100　**参考文献**

第一章 文创产品设计内涵

中国是拥有五千年文化底蕴的文明古国，博大精深的传统文化是现代设计取之不尽的宝藏。各种历史文化古迹、数不胜数的古老文物、神话传说等，都可以成为设计元素。文创产品设计开发通过对典型文化遗产、历史文化的深入研究，寻找那些典型的、可开发空间大的文物，深挖其文化内涵以及商业价值，让消费者深入古典文化之中，与之互动并产生共情，激发大众消费能力，让传统文化真正走入大众的内心，在使用文创产品的同时传承传统文化，这才是文创产品设计的高层次价值。

顺应中国当代文化振兴，提高青年一代的文化自觉与自信，文创产品设计开发立足传统文化，汲取设计营养，正是文化发展与建立自信的途径。将传统文化融入高校的专业教育，可以源源不断地提供文化创新知识动力，高校在教学研发的同时也找到了高阶性的发展需求。此外，高校教学与地方文化部门建立联系，又可以实现教学与社会的对接，是高校教育与社会实践衔接的机遇。以此为契机的高校教学不再是局限在象牙塔里的纸上谈兵，而是可以更好地服务社会，实现社会价值，进而更大程度地激发学生的学习动力与发展动力。有了高校文化创新的动力支持，文化单位就有了源源不断的文化创新开发点，立足于这些文化创新的新思路可以开发出更多文化商品，推动传统文化深入大众，让传统文化走入大众生活，在增加文化单位商业发展空间的同时，形成高校与社会联合提高的更高层次良性发展循环。

第一节 文创产品设计概述

一、文创产品的基本概念

1. 文化的概念

为了进一步解释文创产品，首先应该了解什么是文化。所谓文化就是人类在社会历史发展过程中所创造的物质财富和精神财富的总和，特指精神财富，如文学、艺术、教育、科学等。狭义地讲，即指被某一类社会群体广泛认知，并反映这一群体思想与行为的精神内容。

2. 创意的概念

创意是创造或创新意识的简称，是以新的方式对社会原有文化内容进行再解读与再创造，美术、文学、音乐等艺术形式是其主要的表现方式。文创的概念是系统化地通过创新的方式对文化主题进行创意转化，并力图被受众广泛接受。

3. 产品的概念

产品从广义上讲是物质实体，是能满足消费者某种需求。从狭义上说，指具有一定审美与使用价值，具有特定的形态和用途的被生产出来的物品。

文创产品是指文化创意产品，是设计师的设计灵感、智慧、技能的物质转化。

二、文创产品设计的概念

文创产品设计是设计师运用个人的设计知识，汲取文化资源养分，并借助现代科学技术设计创造的文化创意产品。设计者通过特定的文化主题进行创意转化，设计出具备市场价值的文创产品。文创产品同样有广义与狭义之分，狭义文创产品是物质产品，具有文化主题、创意转化、市场价值三个特点；而广义文创产品既可以是物质实体，又可以为非物质形态的服务，包括任何能够满足人们需求的产品，但同样具有狭义文创产品的三个特点。

如图1-1所示，以杭州西湖文化为背景设计的杭州G20峰会文化主题餐具，画面兼工带写，以巧妙的创意方式应用于餐具结构之上，将杭州著名的"三

图1-1　杭州文化主题文创餐具"西湖盛宴"
总设计师赵春阳

潭映月"中的石塔形象设计在半球形的尊顶盖上，达到了文创内容与产品结构的完美结合，淋漓尽致地展现了中国江南的文化气韵，在G20国际盛会中起到了传播中国优秀文化的作用。

第二节　文创产品的分类

一、基于结合方式的分类

基于结合方式的分类是以文创产品的内容、载体、结合方式三个基础作为分类的条件，将文创产品分为一体型与衍生型两大类。

1. 一体型文创产品

一体型文创产品以内容、载体、结合方式三者形成了不可分割的"一体化"关系。一体型文创产品的核心点是内容、载体、结合方式三者的融合与其对应的产品以特定的关系结合为一体。这样的文创产品无法独立存在于对应产品载体之外，更通俗地说就是，无法与其他产品载体进行广泛的结合。

一体型文创产品往往是从产品载体的结构、特性出发，创意内容针对性地以独特的方式融入载体。这种创意内容和组合模式，应该被视为文化创意产品所体现的创意核心价值。

图1-2　太子造物　贰伍壹拾旗下文创品牌

2. 衍生型文创产品

衍生型文化创意产品是以文化创意内容为核心的，其文化创意内容尤为重要，往往为具有知识产权的创造性IP。将知识产权应用于市场上现有的产品载体之上，形成IP衍生品，是当今较为流行的一类文创产品。组合方法基本上是原始形态的表面组合，如通过印刷、雕刻等技术，将IP内容结合于现有产品之上，但不改变产品载体原有的具体结构。

如：哪吒主题品牌文创产品将哪吒的形象进行重构，以时下流行的配色，设计成IP形象，进而以此IP形象作为"文创内容"，设计书签、眼罩、水杯等产品，如图1-2所示。

二、基于用途的分类

1. 旅游纪念品

旅游纪念品，顾名思义是游客在旅游过程中购买的具有地域性、民族特色的精美轻便的手工艺品或礼品，是值得珍藏的纪念品。在学术界，旅游纪念品并没有明确的定义。但是从归属的角度来看，旅游纪念品属于旅游商品，而旅游商品的定义比较明确。它是指供应商为满足旅游者的需要而提供的具有使用价值和交换价值的有形和无形服务的总和。

如图1-3所示产品，是以淳安麻绣的基础元素为核心的主题创意设计的文创衍生产品，将传统工艺与现代元素完美融合，让淳安麻绣千年的文化具有现代的朝气与活力，更贴近大众生活。此套作品由杭州众行文化创意有限公司设计。

2. 影视文化艺术衍生品

影视文化艺术衍生品本身是为影视作品而重新设计的产品。一方面，因影视剧在社会大众中有着巨大的传播力和影响力，所以艺术衍生品可以借助影视剧的影响力，提升其本身的大众认知度和商业价值；另一方面，艺术家的创造力还可以反过来提高电影和电视剧的制作质量。

消费心理学认为，一些消费者购买影视文化艺术衍生品是因为他们的文化身份；

一些消费者收集影视文化艺术衍生品，因为他们形成了持续购买的习惯；还有一些消费者则是出于炫耀的心理。一部分消费者相信电影是视觉的而非物质的，有些电影看了多次仍不能满足他们的占有心理。而电影的衍生产品是真实的，可以被感知，是存在于现实中的实实在在的物体，能够满足他们的消费需求，消费者可以通过购买影视文化艺术衍生品来满足自己拥有电影的想法和感受，如图1-4所示。

图1-3　淳安麻绣文创　杭州众行文化创意有限公司

图1-4　《哪吒之魔童降世》官方授权周边　歪瓜出品

3. 生活创新产品

生活创新产品是伴随着经济与时代发展的脚步不断创新的结果。人们从过去吃饱穿暖到如今的高品质追求，生活在一点一点地变化。为了享受高品质的生活，很多生活创新产品逐渐问世，从家居用品到办公用品，再到户外用品都变得更加先进智能。如图1-5所示的地毯书桌，打破传统书桌的使用方式，直接坐在地毯上，翻转地毯边角，地毯瞬间变书桌。这款书桌表面是毛毯织料，毛毯软软的质感适合席地围坐，巧妙的是地毯背面的底层是金属，想要看书的时候只需将地毯一角折起，它就会固定住变成小巧精致的书桌，不需要的时候它依旧是一块地毯。通过这款地毯可以直接地感受到各种各样的生活创意产品正在慢慢地便捷着我们的生活，如图1-6、图1-7所示。

4. 艺术衍产品

艺术衍生品是艺术与商品的结合体，因原艺术品的价值而具备一定的艺术附加值。很多艺术名作声名远播，但因多种原因，普通消费者无法拥有，而艺术衍生品的产生可以满足其消费需求。当然，艺术衍生品还包括当代著名艺术家限量发行的版

图1-5　地毯书桌　Alessandro Isola

图1-6　模块化插排　　　　　　　　　　图1-7　便捷插座

画、复制品或印有艺术家代表作品的生活用品以及与艺术元素相结合的创新性的产品等。这些衍生品同样会起到宣传和提升展览品牌、引领大众艺术需求的效果。艺术衍生品的存在为大众深入了解艺术提供了新的途径，为当代艺术、原创设计与大众需求建立了桥梁。

艺术衍生品包括综合艺术、设计、新生活方式等要素。艺术家的加入在提高了艺术衍生品的艺术价值的同时，也正在形成规模化的产业价值链。一件优秀的艺术衍生品，不应是艺术家作品的简单复制，更需要的是艺术原作与创意完美交融的二次创作。

衍生品从属于艺术作品，是依托艺术品演变而来。艺术衍生品必须借助于艺术家、艺术品的符号价值而存在。另外，艺术衍生品与动辄上百万的高端艺术品不同，它亲民的价格打破了高端艺术品与大众之间的隔阂。

说到艺术衍生品就不得不提到阿斯蒙迪。阿斯蒙迪与德国著名陶瓷企业品牌Goebel紧密合作，生产经营世界领先的艺术文化衍生品系列。阿斯蒙迪与世界顶级艺术画廊合作，设计生产家居用品和高档豪华礼品，开发了众多世界级艺术家的优秀作品衍生产品，如图1-8～图1-10所示均为该公司开发的产品。

5. 品牌文创产品

在这个流行快餐式消费的时代，大量的快餐模式促使一部分人们开始寻找一些具有历史、文化、人文气息的有温度的设计，寻找物质与情感的共鸣。而品牌文创产品恰恰是通过设计与文化创意，让消费者产生情感共鸣，进而看见真实的品牌魅力。品牌文创，不是贴在商品上的标签，而是在产品基本属性之上，通过深入挖掘文化与精神内涵，使产品更具文化价值，这是消费者与品牌之间的精神共鸣。或者通过品牌的灵魂与温度、风格与个性的塑造，给予消费者耳目一新的消费体验。

虽然情怀与文化是品牌文创设计的着眼点，但不能忽视任何产品实现商业价值的最终目的，所以文创品牌在设计时需要注意如下几个问题：首先，充分考虑消费者的喜好，要知道如何与消费者建立情感桥梁。其次，除了文化与情怀，还应该考虑以什么样的形态展现在消费者面前，才能让消费者喜欢上它。品牌文创要在文化和消费者需求之间找到平衡点，这样才具有商业价值。如图1-11所示的工业城市文化品牌文创，植根于沈阳工业文化，以抽象迂回的管道图案组成"S"代表沈阳，凸显工业城市属性。钢架结构、变压器辅助图形设计，唤起了人们对老工业城市文化的记忆与情感，唤起了人们对民族文化的记忆与情感，实现了品牌文创设计注重与消费者沟通情感的目的，呈现出有别于其他品牌的丰富样貌的效果。

图1-8　梵·高《午夜咖啡馆》花瓶

图1-9　莫奈《睡莲》花瓶

图1-10　莫奈《艺术家房子》花瓶

图1-11 工业城市品牌文创 何梦宇

章节作业 —— 要求学生在完成作业过程中把握设计思维连续性，以范例作为研究基础，形成个人思考论证。

1. 课堂范例研习。

2. 设计日记，每日记录10个设计灵感。

3. 优秀设计案例搜集与分析，每人10例（包括设计思路分析）。

考核评价标准：分析能力、创造力、工作态度、观察力。

思政题 —— 如何在文创产品中更高级地融入中国优秀传统文化元素？请结合具体作品简要分析。

第二章 传统文化元素开发设计

第一节 文创产品开发的驱动力

泱泱中华拥有五千年绵延不绝的深厚历史文化积淀,无数的艺术瑰宝传承于世。中华文化蕴含着中华民族最深沉的精神追求,是设计师取之不尽的创作源泉。

一、区域性文化驱动力

区域性文化是由于地理环境和自然条件不同,导致历史文化背景差异,从而形成了明显与地理位置有关的文化特征,这种文化就是区域文化。每一个区域在长期的发展中都有自己的特色文化,发展创新地域独特的历史文化是区域文化独特基因的延续,也是地方文化效应发展的根基。特定区域、行为、宗教、语言、习俗等方面民俗共同构成了区域性文化,这些都可以成为文创产品开发的驱动力,如图2-1所示以黎族和苗族人物形象进行设计的文创产品。

二、经典文化符号驱动力

中国传统文化是反映民族特质和风貌的民族文化,是各个时代思想、观念的总体表征。它由世代居住在中华大地上的人们所创造,并被后代继承发展,是独具民族

图2-1 阿哥阿妹来相会IP设计方案 曲鸽(设计者)

图2-2 千里江山香膏 故宫博物院

特色的、博大精深的、绵延不绝的优良传统文化，是各种民族文明、风俗、精神的总称。而中国传统文化经典符号，是浩瀚如海的传统文化的标志，是璀璨文化的代表，诸如书法、京剧脸谱、国画、篆刻印章、陶瓷、漆艺、秦砖汉瓦，等等，不胜枚举。作为中国的设计师，背后有五千多年的历史文化支持，这些都是文创产品设计与开发取之不尽的宝藏与源泉。用富有时代特征的设计重新审视和解读传统文化更是对中华民族精神的传承，如图2-2所示为故宫博物院以《千里江山图》为元素开发的产品包装设计。

三、非物质文化遗产驱动力

非物质文化遗产是指被一定群体或个人不断传承的各种传统手工艺、民俗、文化表演、知识体系，也包括相关的物质和文化场所。

非物质文化遗产的传承人为适应他们所处的环境，与自然和历史进行互动，不断使这种代代相传的非物质文化遗产得到创新，同时也为他们自己建立了一种历史认同感，并由此促进了文化的多样性和人类的创造力。《保护非物质文化遗产公约》指出，非物质文化遗产应当涵盖五个方面的项目：①口头传统和表现形式，包括作为非物质文化遗产媒介的语言；②表演艺术；③社会实践、仪式、节庆活动；④有关自然界和宇宙的知识和实践；⑤传统的手工艺。

在非物质文化遗产中，传统手工艺对于文创产品设计开发的影响最大，染织、烧造、木作、铸锻、编结、髹饰、民间雕塑等都属于传统手工艺范畴。这些利用不同原料、工艺创造出的各类手工艺品都是文创产品设计开发的肥沃土壤。

2019年12月，"逐艺黎苗·三月三非遗文创大赛"是以黎苗文化为核心的设计竞赛。海南昌江黎族自治县是一个少数民族特色浓郁、非物质文化遗产丰富的地方，主办方希望通过竞赛联合更多人以设计的方式介入民族文化的发展，发现不一样的黎苗文化，让少数民族文化与当下生活重新产生连接，如图2-3、图2-4所示。

图2-3 "万物有灵"文创产品设计 郝望、李荣轩、马融

图2-4 苗族纹样创新设计 孟繁娅

第二节 传统再设计方式

当今，传统文化正以潜移默化的方式对中国现代设计的发展起着作用。以中国画为例，中国画悠久的历史蕴含着人生观、哲学观、宇宙观，无论工笔画还是写意画都代代有精品，但这些传世之作由于其巨大的艺术与历史价值，往往只能深藏于博物馆，与人们隔着玻璃窗，很难真正走进大众的生活。而植根传统的文创设计为这些文化瑰宝走进大众生活提供了可能。

一、传统与现代的嫁接

传统与现代的嫁接是指将传统文化中的经典元素直接与现代文创产品相结合，一般只起到装饰的作用。

中国的现代设计可以汲取传统文化的精华，恰当地将传统民族文化元素融入创新设计中，与传统文化建立紧密的联系。民族特色创新性的设计体现在视觉效果的独特与需求的个性化上。不同的民族有着不一样的语言、审美与思维模式，所以民族特色也是推陈出新的设计思想源泉。

如何理解传统文化，并巧妙地将传统文化应用到现代设计中，这些是现代设计者要思考的问题。设计者应该找到传统文化与自身设计的内在关联，不断探索，建立自己独具特色的设计观点与思维方式，在思考与设计实践中积累丰富的设计经验。

1. 传统装饰图案

在我国古代艺术文化宝库中，二维形态的艺术丰富多彩，璀璨夺目。它既代表着中华民族的悠久历史与社会的发展进步，也是世界文化艺术宝库中的巨大财富。五六千年以前，我们祖先创造彩陶文化，其后的青铜器、陶瓷、绘画、丝绸、漆器、金银错、玉雕、牙雕、砖石雕刻、刺绣、编织、蜡染，等等，每个门类都创造了不朽的艺术篇章。从那些变幻无穷的绘画、装饰图案纹样里，可以看出各个时代的艺术审美与工艺技术水平,以及其演变发展的脉络。许多传统图案经久不衰,仍保持着旺盛的生命力,所以,我们在进行设计时,不可忽视中国传统图案的艺术价值,在文创产品设计中可以将现代设计方法应用到实际设计装饰中,如图2-5所示。

2. 传统造型艺术

传统造型艺术包括一切三维形态的传统艺术遗存,如传统雕塑、陶瓷造型、青铜器造型、传统家具造型、建筑造型、漆器造型以及工艺品造型等。

传统艺术造型元素作为构成中国文化的重要组成部分,历经历史不同阶段的更迭发展,始终保持着稳定的传承性。这些传统艺术造型元素是文创产品设计研发的重要参考因素,恰当准确的运用可以达到中国传统文化形、神、意的传承与发展。

(1)传统造型元素中"形"的传承与衍生

纵观社会的发展,从原始社会的图形与符号到奴隶社会的文字、图案与造型,再到封建社会造型艺术门类的细化,总有一些造型或符号恒定不变,而它们的具体造型在继承前代的基础上,会随着时代的发展而有所变化。不同时期的造型反映着所处时代与地域的工艺技术、材料发展、社会风尚,往往具有鲜明的时代特色和地域特色。例如,传统陶瓷中的碗就有鸡心碗、窝式碗、罗汉碗、仰钟碗、折边碗、斗笠碗、正德碗等,这些在代代传承中不断演变而来的造型,拥有着各自独特的魅力。正是由于其造型的优美才得到不同时代人们的喜爱。如图2-6中的碗的造型就是沿用正德碗的形态,辅以玲珑瓷装饰方法,复古中带有现代气息。

(2)传统造型元素中"意"的传承与发展

一个可以历经数代延绵不断的图形或符号,不仅仅是因为其造型的优美,更是在于图形符号所蕴藏的深层次的文化内涵。与文化内涵相比,图形符号只是这些内在象征意义的精神外化表现。由于人们对美好生活的向往和期盼,进而衍生出诸如富贵康

图2-5 锦丝物语系列佩饰
张力文

乐、事事如意、马上封侯等吉祥象征意义，也正是由于人们对这种意义的向往与追求，才使这些符号得以代代相传。

如图2-7所示某著名通信公司的标志，是由一种回环贯通的中国古代吉祥图形"盘长"纹样演变而来。迂回往复的线条象征着现代通信网络，寓意着信息化社会中该公司的通信事业井然有序而又迅达畅通，同时也象征着该公司的事业无以穷尽、日久天长。图2-8是2008年北京奥运会的标志，同样是很好的范例，整个标志造型运用了中国特有的写意手法，抓住了中国结的典型形态特征，巧妙地将中国结与运动员两个意象相结合，而不是对传统造型的直接照搬，不仅体现了中国特有的文化，还具有奥运会标志的国际风格。

（3）传统造型元素中文化精神的传承

"以整体为美"是中国古代艺术家追求的核心，中国传统的哲学观将天、地、人视为一体，借物抒情、以形写神、形神兼备是中国艺术的最高境界。纵观历史我们会发现，虽然时代在发展，风尚在改变，但是那些优秀的具有中国特色的艺术的内涵与精神是不变的，因为它是中华民族所特有的，也是民族形式的灵魂之所在。

要使中国艺术之精神在现代设计当中得以创新发展，我们应该将设计建立在造型、寓意的基础上。造型的借鉴绝不是简单的照抄照搬，而应该是对传统造型的再设计与再创造。设计师可以运用现代的设计方法对传统造型中的一些元素加以改造并运用，使其符合时代的风尚；或者通过传统造型结合现代装饰语言来表达创新设计理

图2-6 "双鱼"玲珑瓷正德碗　景德镇陶溪川产业运营有限公司

图2-7　某著名通信公司标志　　　　　图2-8　2008年北京奥运会标志

念。只有在深刻领悟传统的艺术精神、充分认识现代西方设计理念的基础上，兼收并蓄、融会贯通，才能找到传统与现代的契合点，创造真正富有本民族精神的具有时代意义的现代设计。

对于传统造型的文化精神的表达，典型例子就是由现代主义建筑大师贝聿铭设计的苏州博物馆，如图2-9所示，他探索了中国传统的园林思想在现代设计中的新方向，展现了中国传统哲学中的人与自然和谐相处之道。经过重新诠释，贝聿铭以现代的几何的形式演绎苏州传统的坡顶景观，使整个建筑既具有中国神韵，又具有现代之感。独创的片石假山，以墙壁为纸，以片石为画，形成别具一格的山水景观，体现了中国绘画中倡导的"以形写神"的艺术哲学观念。

3. 传统民间工艺

中国传统民间工艺是大众生活、民俗风情的艺术体现，是中国民俗文化的艺术瑰宝。中国民间工艺非常丰富，如剪纸、年画、刺绣、木雕、玉雕、砖雕、石雕、风筝、竹编、皮影、印染、内画、铜艺、面塑、木偶、绒花，等等。这些传统民间工艺大都属于非物质文化遗产的范畴，通过近些年国家对非物质文化遗产的抢救性扶植，慢慢开始被大众所关注和接受，关于民间工艺的文创产品也不断涌现。

图2-10、图2-11为海南黎苗文化文创大赛的优秀作品，设计者以黎锦为素材，经过现代设计的提炼整合，将古老的黎锦工艺带入现代的生活产品设计之中，为传统手工艺走进大众生活提供了可能。

二、提炼文化内核的设计

1. 极简设计

极简主义是生活及艺术的一种风格，本意在于极力追求简约，并且拒绝违反这一形态的任何事物。极简主义风格并不是现今所称的简约主义，它是20世纪60年代所兴起的一个艺术派系，又可称为"Minimal Art"，作为对抽象表现主义的响应而走向极致。极简主义作品以最原初的表现方式展示于观者面前，试图消除作品对观者思想的影响，开放作品自身的意象空间，让观者成为对作品建构的参与者。将设计中的元素、色彩、材料做到最简化，这并不意味着简单、粗糙，而是对造型、色彩、材料的

图2-9　苏州博物馆　贝聿铭

设计灵感

黎锦收纳筐

设计灵感来源于黎族传统的"黎锦"技艺。
通过黎锦设计一种具有美好寓意的收纳类产品。

图2-10 黎锦收纳筐 常璇

01 设计方案

纹样重组效果图

"双鱼"系列

图2-11 星耀黎明袜子系列 唐雨田、胡思琦、邓韫文、吴季蕾

更高要求。因此，极简设计通常会采用非常含蓄的方式来表现，从而达到以少胜多、以简胜繁的效果，如图2-12、图2-13所示。

（1）造型抽象衍生

造型抽象衍生是在三维空间中用极简的设计方式表现具象的内容。这一内容可以是平面形态，也可以为空间形态。如图2-14所示，是伦敦的陶瓷产品设计师伊娃·拉杜洛夫（Eva Radulova）的设计作品。伊娃·拉杜洛夫习惯于将传统与创新相结合，创作符合当下潮流的个性化陶瓷产品。她的设计理念受到东方文化的影响，尤其是日本浮世绘艺术，"日本米酒"（Sake set）茶具的造型即来源于葛饰北斋的木版画《神奈川冲浪里》。该版画于1832年出版，是《富岳三十六景》中最有名的一幅。伊娃·拉杜洛夫将画作中的二维形态转换为三维形态，在杯子的底部用抽象凝练的方法表现海浪的汹涌，是运用极简主义设计方法进行传统文化创新的优秀作品。

图2-12　Lockheed躺椅　Mare Newson（澳大利亚）

图2-13　雷达R5.5手表　Jasper Morrison（英）

图2-14　日本米酒系列茶具　伊娃·拉杜洛夫（英）

（2）装饰简化设计

装饰简化设计是将原本复杂或具有立体空间感的事物运用简约化的装饰手法予以表现。此种表现方法与中国画中的写意手法有异曲同工之感，不追求装饰的写实与繁复，而倾向于意蕴的表达。此种装饰方法要求器物造型简约精致，器物外部轮廓往往线条简约流畅，这样才能达到作品整体的简约之美。另外，在材料上往往要有丰富的质感之美，在色彩方面也要注意简化、和谐，应避免色彩过于艳丽，对比过于强烈，如图2-15所示。

2. 萌宠化设计

萌宠化设计是运用巧妙的拟人设计、情感设计将产品形象萌化、可爱化。吸引消费者眼球，增加心理好感，运用注入情景、情感的方式走进消费者心里，从而实现刺激购买欲望的设计产品。

"可爱"这个元素在各个年龄段都很受欢迎，尤其受年轻一代的消费者的推崇。在具

图2-15　远山茶具　陶回匠人

图2-16　白夜童话　贾晓鸥

图2-17　故宫祥瑞·麒麟书签　故宫文创

体设计中，形象应多用圆形或椭圆形，注入情感与情境，可以围绕"成长""多样性"等关键词进行尝试。再以宠物的真实形象类别作为分类，确保每一个宠物的形象都有鲜明的特征，减少多余的细节，抓住主要特征作抽象化设计，如图2-16、图2-17所示。

3. 象征化设计

象征化设计的主要目的之一是意义的传达。对意义的探寻与解读是人类的本性需求，更是人们对于美好事物与生活的愿景。意义的形成与人和社会、自然、他人、自己的复杂关系有关，是文化、历史、心理的反映。受历史文化的影响，吉祥符号很容易被大众接受与解读，可将这些符号运用现代设计的方法结合新材料、新工艺、新功能进行创新设计，进而得到适用于现代生活的产品，如图2-18所示。

值得注意的是，在大众对艺术设计作品的阅读过程中，不管作者是否运用了象征手法，作品是否包含象征意义，读者都会站在自己的角度去理解其含义，用象征的解读方法参与建构作品。读者的解读就会产生不同的结果，甚至形成正、负两种截然不同的解读。

负面的象征解读会对作品产生不利影响。如在某日本品牌汽车广告中，石狮子向日本的汽车敬礼，设计者忽略了狮子在中国的象征意义，因而被认

图2-18　紫禁、福禄寿杯垫　故宫博物院文创

为是对中国的污辱，遭到强烈反对。此类问题大多因为设计者对象征化符号解读能力的匮乏，对引申含义缺乏足够的重视。

正面的象征解读有助于丰富作品的内涵，增加人们的体验与乐趣。如2004年雅典奥运会标志，橄榄枝的花环被人们象征化地解释为希腊、奥运、和平与胜利。

4. 想象拓展设计

想象拓展设计就是创意设计，由创意与设计两部分构成，通过设计的方式将富于创造性的思想、理念加以呈现和延伸。

如果设计师掌握了一定的创作方法和技巧，在设计之前做足准备工作，在创意时就不会感到头疼，充分的准备工作无疑将有利于激发设计师的思想火花和创作灵感。

（1）借鉴创意法

借鉴创意法较适用于有细节要求、时间期限短的项目。借鉴创意法可以从我们身边的一切事物入手，如优美的风景，传统文化，经典艺术作品，以及优秀的设计案例，这些都蕴藏着无尽的灵感。相信大部分人都有网络购物的习惯，在购物的同时，其实就可以积累大量时下流行的视觉元素，无形中也丰富了我们的视野。借鉴、积累各种元素的关键是要有一颗不断学习的心。此外，设计源于生活，深刻地体会生活会在创作时更贴近实际。可以吸取日常工作、生活中的所见所闻，从其中的一个点拓宽创意思路，结合设计要求给出优质的创意设计。

（2）情景（情感）映射创意法

情景（情感）映射创意法适用于对情感有一定诉求的项目，要求对一个设计想法进行深度研究发掘。生活中，每个人都有着不同的背景，成长环境、阅历、性格、想法与思维方式各不相同，因此，当设计师面对同一件事物时，会有不同的情感反映和思考角度，进而就有不同的创意想法与不同的视觉风格。

情景映射创意法能够将概念化的、抽象化的东西丰富化、立体化。一个停留在概念阶段的想法从简单具象到抽象，经过不断推敲演变，直至达到理想中的效果为止。比如，在想到夏天的时候，脑海里会出现不同的元素，炎热而繁盛、绿色、荷花、大雨、蝉、西瓜、海边、游泳、太阳镜等，这些是由具象的夏天提炼出的相关元素，并在此基础上进入夏天渴望清爽的心理诉求的高级抽象阶段。由此，设计师可以充分发挥想象力，运用现代设计的方法融合主题，创造出富有感染力的创意作品。

如图2-19所示，意大利 idea3Di 设计团队研发的制冷盒Geizeer。它分为上下两部分，下方用来盛放专用的冰袋，上方则内置了一个风扇，使用的时候只需要放入预先冷冻好的冰袋，内部的冷风就会扩散到房间。

夏天能喝上一杯冰爽的饮料是一件非常舒服的事，Arctican饮料套满足了这项需求，此产品的设计者是Corkcicle。使用前需要把它放在冰箱里冰冻，内部的制冷芯就能使饮料在太阳下也能保持3小时的凉爽。Arctican饮料套本身还能隔绝温度，使饮料不会出现冷凝水现象，如图2-20所示。

5. 色彩提炼设计

对元素色彩进行分解、概括、提炼，组成平面而单纯的色谱，将提炼的色彩运用于相关行业的产品设计之中，可以得到和谐且优美的色彩效果。在色彩提炼设计中，绘画、传统服饰、刺绣、剪纸、皮影、漆画等都有各自独特的色彩体系，提炼其中的色彩可以达到迅速体现传统元素特征的作用，并且会使作品更易被接受。

图2-19 制冷盒 Geizeer idea3Di（意）

图2-20 Arctican饮料套 Corkcicle（美）

图2-21 地平线主题设计 丁伟

如图2-21所示,丁伟的地平线主题设计作品提炼了两大主要色彩:绿色与土黄色作为艺术衍生品设计的主要色彩,使产品呈现出清新自然之感。图2-22中设计师提取了黄果树瀑布的多种形态和中国传统水墨山水画的素雅配色,这种既来源于传统又不拘泥于传统的设计,呈现出黄果树瀑布的独特魅力。

图2-22　黄果树瀑布主题设计　木马设计

第三节　文化调研与设计定位

　　文化调研必须建立在了解并掌握如何提取并运用文化元素的方法之上进行。以实际教学为例，课程主题为特色文化单位文创产品设计，学生们通过文化调研活动，深入研究文化背景，寻找具有较大设计空间的文化元素。

一、文化调研

文化调研是寻找设计主题，搜集设计元素的过程。文化调研需要在众多信息中找到那些设计师感兴趣，并能激发其设计灵感的文化元素。

在文化调研过程中值得注意的是：

1. 调研内容的选择

应选择那些历史文化深厚，或有特色的历史文化元素。以沈阳为例，其典型的文化单位有：沈阳故宫、清昭陵、中国最大的古生物博物馆、辽宁省博物馆、盛京大剧院（图2-23）等，这些都可以成为文化调研的目标主题。

2. 调研准备工作

应避免横向散点式调研，尽量挖掘所研究对象的纵深度，透彻研究其文化背景，以免流于表面。比如，在调研过程中，有的同学选择了沈阳的历史文化古街——八卦街为调研目标，拟定以太极八卦为设计元素，但调研却只关注到古街的街道布局与部分历史建筑，对八卦的具体内容含义未做深入研究，就难免会引发只看其形，不知其意的笑话。因此，在使用文化元素之前必须对其背后的历史渊源以及含义做到了然于心。

二、传统元素提取与产品定位

在纷繁的素材之中梳理出一条清晰的脉络，为设计增加故事性，规划出完整的文化方案，并将其贯穿于方案设计的始终，是一个优秀的设计师应该具备的素质。

方案故事大多来源于设计师对地理风貌、风土人情、文化物产等的感悟和理解，但是如何将这些抽象的感悟和具体的方案设计产生关联呢？设计师可以通过提取概念元素的方法来打开设计思路，让设计更具有说服力和感染力。

1. 提取文化元素的原因

在解释提取文化元素的原因之前，我们先聊一下关于仪式感的问题。法国童话《小王子》里说，仪式感就是使某一天与其他日子不同，使某一时刻与其他时刻不同。总结来说，就是特别、与众不同。其实这也是设计的追求。怎样才能让我们的设计更显独特呢？这个时候，就要引入设计的仪式感。

比如以沈阳故宫为主题的设计，如何能与北京故宫相区别，做出沈阳故宫的特色？此时，就需要加入老沈阳的东北风情，在设计时提取一些特色的文化元素，如将盛京、大政殿、十王亭、八旗子弟、萨满教等元素运用到方案中去，让人一看到这些元素就能联想到沈阳故宫。

此外，在设计方案中加入文化元素、讲好文化故事，是一种说服力更强的营销策略，在无形中增加产品的附加值，也更有利于文化的继承与传播。

2. 提取文化元素的方法

在文化调研收集的资料中，我们可以从历史文化、产品市场调研、产品定位、消费人群等几个方面来进行资料收集，形成文本，然后进行文本分析，如图2-24所示。根据分析结果搜集进一步的意向资料，为进入下一个设计阶段做准备。

图2-23　盛京大剧院文化调研报告
历史文化部分节选　廖文钰

图2-24 文化提取

3. 头脑风暴产品定位分析训练

说起头脑风暴，对于设计师来说再熟悉不过。在创意工作的初始阶段，最优先想到的应该就是头脑风暴。因为在众多创意方法中，头脑风暴确实是可行性很高且优秀的创意方法之一。

头脑风暴的突出特点是众人拾柴火焰高，汇集众人才智，拓展思路，突破创新，是众多创意方案的集合，也是创意工作中提高创意效率的有效方法。

头脑风暴的实施：

①风暴主题：城市传统文化主题文创产品开发。
②教师作为主持人，负责主持风暴创意会议，对各创意进行记录。
③教师组织学生积极对主题进行创意发言，但创意不能重复。
④集合所有创意方案，再将方案进行循环深化。
⑤学生探讨并选出可行性最强的创意方案。

经过对文化元素的提取，我们对未来设计的文化元素已经了解并确定，接下来就要明确产品定位问题。以文化调研目标的研究为基础，结合5W2H七何检讨法，通过对目标人群、材料、文化、产品分类、设计产品类型、设计理念的分析，进而确定设计定位。为了得到清晰可信的结果，还可以运用思维导图的方法。

思维导图被认为是最自然的一种简单有效的创意工具，是一种放射性的创意模式。思维导图法以需要解决的问题为中心，把与问题有关的元素进行联想细分，不断延展，充分调动联想的创造力。然后再从整体的视角，把这些创造性的想法结合起来，梳理分析，进而起到激发创意的目的。

图2-25、图2-26中我们可以清晰地看到问题的展开、延展、关联。

图2-25 沈阳故宫产品定位思维导图 刘奥祺

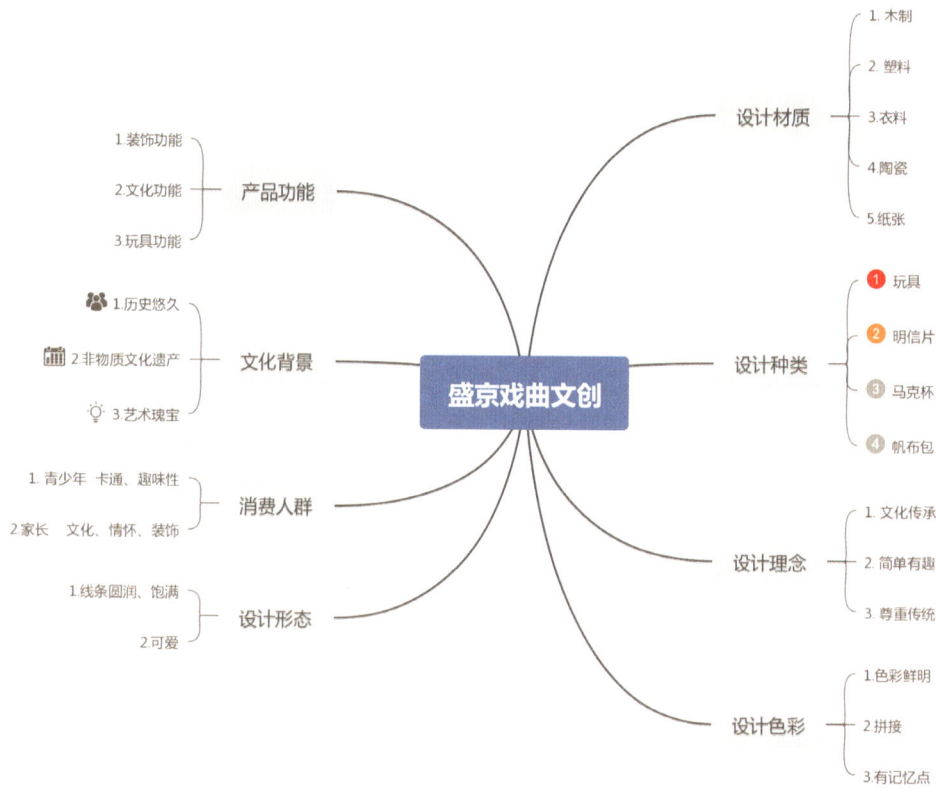

图2-26 盛京戏曲文创思维导图 王爱莺

 **章节作业** ——— 要求学生在完成作业过程中明确研究对象的文化、历史、现况以及设计定位、消费人群等，并形成研究报告。

1. 选取目标并完成1份文化调研报告。

2. 根据问题1的调研报告绘制设计思维导图。

考核评价内容：分析能力、文案能力、思辨力。

思政题 ——— 简述中国优秀传统文化对增强民族自信的意义。

第三章 文创产品设计创新思维方式

本章系统地介绍了文创产品设计中的创新的基本方法与思维模式。

创新思维是指运用新颖独特的方法解决问题的思维过程，通过这种思维方式能突破思维的常规界限，由于其非常规甚至反常规的方法、视角，往往能产生新颖的、独到的、与众不同的解决方案。

一个产品的创新涉及新的生产方法、新的生产要素、新的工艺、新的技术、新的行销方式、新的市场。同样，同学们的学习方法也要创新。创新有很多方面，比如思想创新、行为创新、设计创新等。之所以崇尚创新，是因为创新可以改善工作、生活质量，提高观念意识，提高工作效率，对社会、经济、技术产生深远的影响。但是创新并非一定是全新的东西，以新的形式表现旧的事物，同样可以成为创新。

第一节 创新思维的途径

在艺术设计过程中，创新思维方式是多元的，单一的方式未必能达到所设想的目的，因此，只有将多种不同的方法结合在一起，并随着社会的发展不断地更新、整合，才能助力设计理想。

一、物质需求的创新

满足人们不断增长的物质和文化生活需要，是产品创新的根本目的和根本动力。没有社会需求，产品创新就会失去方向和目标，也会失去进步的动力和源泉。在产品创新设计初始阶段，根据物质需求发展趋势来确定产品发展方向是一种拓展思维的便捷方式。物质需求的创新可以分为实用型优化创新、科技进步型创新、改良型产品创新。

1. 实用型优化创新

实用型优化创新主要是指安全性、实用性的优化创新。

（1）安全性优化创新

安全性是功能与审美的内在构成要素。产品的基本特点是实用与审美的结合，优美的外观是为了迎合消费者的审美所需，而产品的美又必须建立在完善的功能上。满足人的物质生活或精神需求是产品的设计与生产的直接动因，但这一切的前提是，产品首先必须具备安全性。安全性在产品设计中的体现主要是：心理性安全设计、生理性安全设计、伦理性安全设计。

安全性在不同设计时期，被关注的点各有不同。传统设计中更多注重于人的心理安全需求，技术、工艺为产品心理安全设计服务。而随着科技的发展，产品设计是否符合人体工程学的原理，则是现代设计中最基本的一项生理安全准则。时代的不断进步，人文关怀意识的提升，未来的产品设计将会更多地关注特殊人群产品的伦理安全，提倡绿色环保与人文关怀。好的设计师应适应时代潮流，设计具有时代价值的产品。

如图3-1所示，为盲人设计的插座转接器可以配合普通的插座和插头使用。环形磁性电极通过磁铁力使插头可以轻易连接到插座上。插座转接器能够自动分离的设计，能避免盲人绊倒。贴心的盲文标签的设计，方便盲人操作插座。

总之，只有始终紧随现代设计发展的步伐，灵活运用设计原则，将不同层次的安全需求统一，才能使设计有所创新、有所突破。

（2）实用性优化创新

作为产品，首要的价值就是实用性，它是检验产品价值的重要标准，任何创新都需依托于此。实用性既包括产品在现实生产、生活中的具体用途，也包括产品为人们所带来的主观感觉与精神享受。新颖性与实用性在以往大多数的创新研究中被视为一体，而事实上，在具体的创新实践中，新颖性与实用性之间有着明显的不同，两者之间可以说是相互依存的关系。

创新产品设计的实用性原则非常重要。毕竟没有实用性，设计作品必将成为纸上

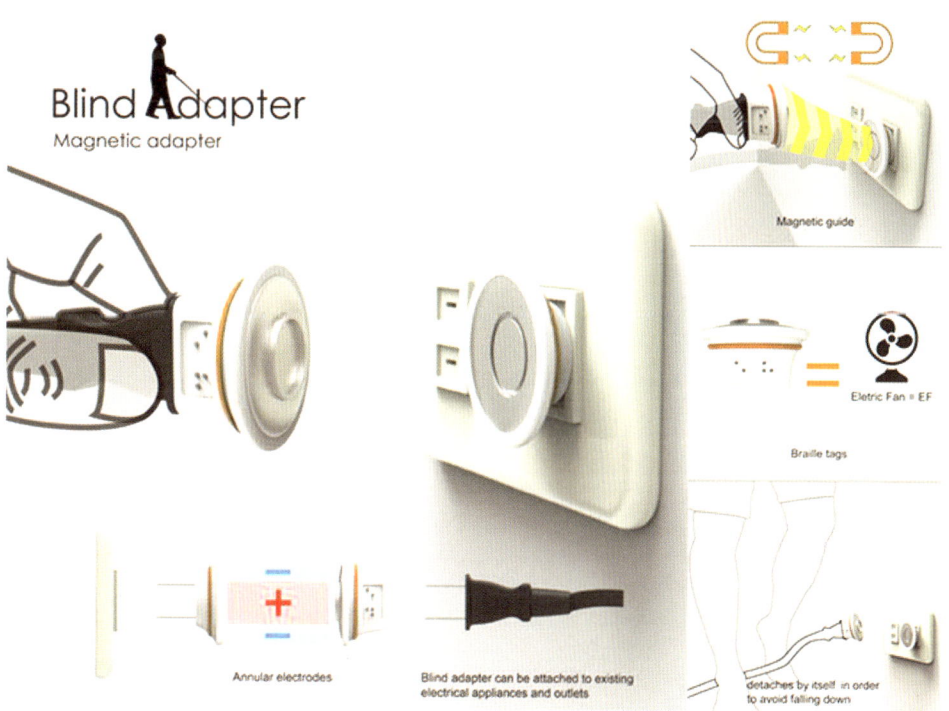

图3-1　盲人插座转接器 Ching-Tzu Tsai & Xien-An Chen

谈兵。所谓产品设计首先体现在满足生活需要上，不切实际的产品不适用于社会需求，完全停留在概念上的设计不能促进产品设计的发展。

2. 科技进步型创新

科学技术的突飞猛进推动着人类社会的发展。新的科技成果应用于社会生产，为普通人享受时代科技的进步提供了机会，众多新型科技产品以其优越的科技性能，颠覆了人们对产品的认知。如图3-2所示，Vessyl是一款智能水杯，可以测量和判定一天中的饮水状况是否健康，还可以给出各种营养和有害物质比例等。这款水杯可以通过蓝牙与手机连接，感应杯中的水量和温度，甚至知道你正在喝的是什么。它能够准确地计算出杯中液体所含有的糖分、蛋白质、脂肪、卡路里、钠元素和咖啡因等。这些数据可以传输至手机App，App则会结合使用者的身高体重，生成"缺水度"曲线，再通过手机和水杯的指示灯提示使用者每次喝水的节点。

3. 改良型产品

改良型产品是指在原有老产品的基础上进行改进，使产品在结构、功能、品质、花色、款式及包装上具有新的特点和新的突破，改进后的新产品，其结构更加合理，

图3-2　Vessyl 智能水杯Mark One 公司

功能更加齐全，品质更加优越，能更多地满足消费者不断变化的需要。

改良型新产品的开发对于企业的发展具有重要意义。一般来说，一个全新产品从设计到市场运营需要相当长的时间成本，企业的运营成本会大大增加。因此，尽管新产品更富有创新性，但由于生产工艺及生产成本等因素的制约，推向市场的产品更多是在原有传统产品基础上不断改进、完善、提高而开发出的新产品。

产品整体的任何一个层次的改良都可视为产品的改良。具体包括：品质改良、特性改良、样式改良、附加品改良。

图3-3是荷兰上市的一款能量饮料Burn，看易拉罐包装就给人一种热血沸腾的感觉。不过，更特别的是这款饮料包装使用了一种全新的易拉罐，能多次开启后再密封。

设计师郭波等人设计的方漏斗Square Funnel（图3-4）是2021年红点设计的入围作品。方漏斗在传统漏斗的基础上解决了圆形漏斗会导致瓶口被封闭，液体流入时因瓶中原有空气外排而导致液体注入不顺畅的问题。而方形的漏斗由于其边缘直线型的轮廓能够保证气流进出的通畅，避免类似情况的发生，使液体的注入更加顺畅。

图3-3　重复密封易拉罐

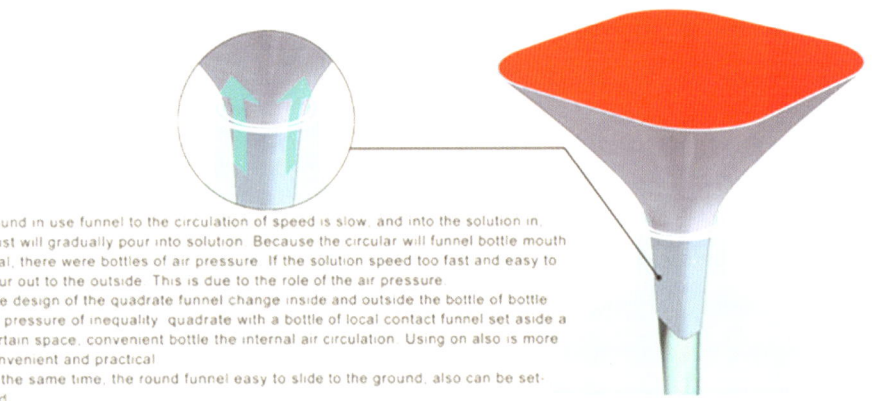

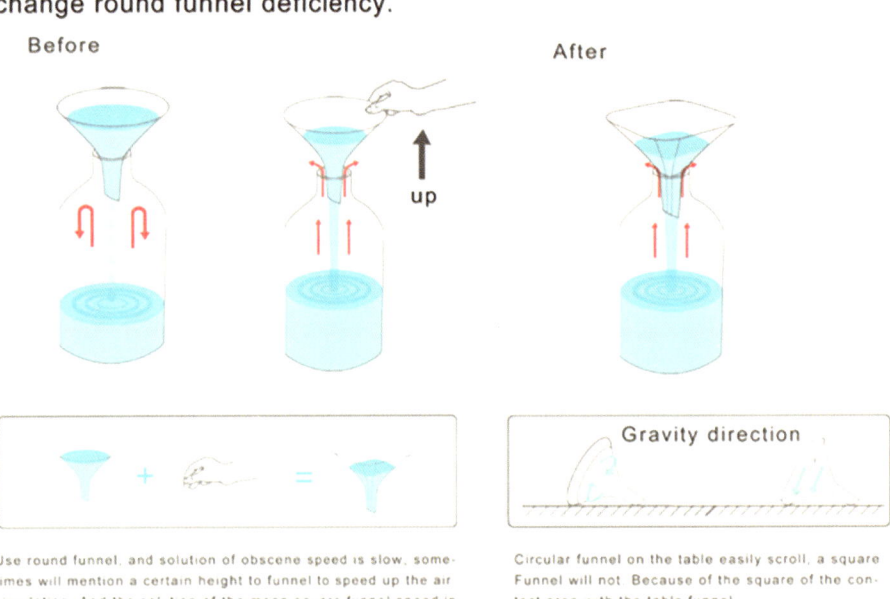

图3-4　方漏斗　郭波

二、消费潮流创新

时代不断发展，文化也随着发生变化，每一个时期的流行文化趋势与符号都会印证大众推崇，这些是影响设计的社会因素。因此，设计师应关注流行与市场的变化，并与之紧密相连。

随着生活水平的逐步提高和生活方式的改变，人们对待设计的态度也发生了变化。当今社会，人们消费经验不断丰富，消费心理也更加成熟，形成了从基本生活追求到求同、求异，追求优越性，再到自我满足的追求，生活品质的追求也在不断提升。当今的人们更加注重潮流、个性、品位的彰显，心理追求层次的逐步提高，导致生活及消费动机也更加多样化。这些变化都应该成为设计师所关注与研究的重点。

1. 广泛化与高度化

一方面,随着生活水平的提高,生活方式呈现多样化,生活消费的范围不断延伸,生活需求的领域也随之逐步扩大;另一方面,由于心理需要层次的提高,对具体产品与服务的消费范围也越来越广。这为文创产品的发展提供了更加广阔的空间。

2. 情感化

在技术水平的提高,产品之间质量、性能等差异化程度缩小的背景下,情感在购买决策中的权重越来越大。很多产品设计通过记忆、诙谐、残缺等方式引发情感共鸣,增加产品吸引力(图3-5)。

3. 个性化

如今,更多消费者追求个性独立,注重自我的心理需求变化,进而推动体现个性、专属性的设计产品不断涌现。甚至产品的独特性在满足消费者追求个性化心理需求的同时也增加了产品的附加值,有利于设计的繁荣发展。

图3-5 情感化设计作品

4. 健康化与绿色化

生活质量的提高使消费者更加关注身心健康，更加注重心理、精神的健康。消费者追求舒适、享受生活，日常消费活动也更加丰富，休闲、娱乐消费的机会更多。并且由于社会大众受教育程度普遍提高，消费者逐步由关注眼前个人的健康发展到关注社会环境的长远发展，环境保护、节约资源等绿色消费意识与需求不断加强。因此，健康化与绿色化的环保设计会更受欢迎。

第二节　创新思维方法

一、脑力激荡法

脑力激荡法是由Osborn于1937年所倡导的，强调集体思考的方法，注重成员互相激发思考，鼓励参与者在指定时间内提出大量的构想，并从中筛选新颖的创意。虽然以团体方式进行是脑力激荡法的主要特点，但同样适用于个人运用此法思考问题和探索解决方法。脑力激荡法的基本原理是：思考空间不设限，鼓励提出更多主意，并且对提出的构想不加以评价。

在脑力激荡的具体活动中应注意以下四点：

①量的积累，提出的设想数量越多，高明有效的方法出现的机会就越多。这种海量搜集、包容分歧的方法，体现了量变产生质变的理论原则。

②参与者要集中所有精力尽量多地提出设想、扩展设想，把不同的意见留到后面的批评阶段里进行。在这种开放性的氛围下，参与者的精神无拘无束，更有可能提出不同寻常的设想。

③提倡与众不同，避免重复。要想得到多而精的创意就要避免同一个创意的重复出现，独特的思考方式将会带来更好的创意，那些具有新意的想法往往出自新观点或是突破常规的假设里。

④将多个好想法融合在一起，常常能演变成一个更棒的设想，就像 1+1大于2一样，不同观念的碰撞，思想的火花会更加旺盛，不同想法综合的过程可以大大激发有建设性的设想。

二、分组讨论法

分组讨论法可以两三人为一组，也可以六人为一组，进行分组讨论。运用脑力激荡法作基础进行讨论。方法是每人一分钟，只进行三分钟或六分钟的小组讨论，讨论结束后再回到大团体中分享并做最终的评估。

三、逆向思维法

逆向思维就是从一个事情的反面或者另一个角度来思考。在解决问题时，好多事情用普通的逻辑思维往往想不到好的解决方法，此时可以试着换个角度来思考，也许

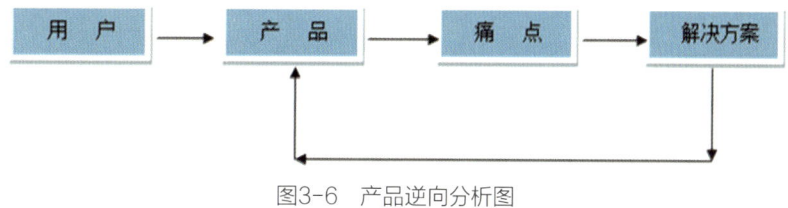

图3-6 产品逆向分析图

会有柳暗花明又一村之感。

一个产品的诞生往往是在追求便捷、舒适的驱动下产生的。例如，在某种行为的过程中，使人产生不舒服、不便利，或受挫的体验，则会通过优化产品来克服这种不舒服的体验。寻找优化的动机实际上就是在寻找使用痛点，如图3-6所示。首先我们要思考的是什么是所谓的使人产生不痛快的点？是不是注意事项提示得不够明确？是不是操作中存在不合理流程？这些点可以称之为产品的设计之痛。在寻找痛点过程中，可以优先在商业层面，这样会使精力集中在更广的面上而不是过于微小的点上。

这些痛点很可能在本质上就是行业内存在的问题。如果一个设计可以解决行业内的某个问题，为用户带来更愉悦的体验，克服那些在使用过程中的糟糕体验，无疑会给整个行业带来革新的机会。

四、属性列举法

属性列举法是由Crawford于1954年提倡的一种著名的创意思维策略。属性列举法强调设计者在设计的过程中细致分析每一个环节的问题，以及问题的特性，然后针对这些特性提出可行性的修改意见。

五、优缺点列举法

优点列举法要求逐一列出产品的优点，在此基础上探求更实用、更优化的改良对策。缺点列举法是检讨产品的各种缺点及漏洞，并针对这些缺陷不断地、逐一地探求解决问题和改善对策的方法。

六、七何检讨法

七何检讨法，即5W2H检讨法，是六何检讨法的发展延伸，这种方法的优点在于提示讨论者从不同的层面去思巧，寻求解决问题的途径。所谓5W是指：为何（Why）、何事（What）、何人（Who）、何时（When）、何地（Where）；2H是指：如何（How）、何价（How Much）。这有助于设计师对于设计受众群体、产品功能、使用环境、使用价值以及商品价值做出正确的评估。

第三节　设计项目实践

设计项目实践是经历各种理论与文案的研究之后，真正实战训练的开始。如果说前期调研是我们研究各种文献的纸上阶段，那么接下来就是真正检验设计能力的阶段。

一、灵感的捕捉

根据前期产品定位分析的结果，设计师搜集大量相关素材，素材的积累有助于激发创作灵感。素材的选择可以从多方面着手，既可以为自然界的事物，也可以为已有的各类艺术文化元素，更可以借助海量的网络资源。其目的是大量累积设计想法，在接下来的设计中以供研讨与筛选。养成学生在素材积累与整理过程中形成创新意识的学习习惯，以及提取信息的素养。

1. 积累生活中的素材

日常生活中的可利用资源无处不在，比如博物馆、商场、店铺、书店、电视等，到处可以发现优秀的产品设计、版面设计、色彩设计以及脑洞大开的创意，只要有学习的意识就可以随手记下，使之成为自己的设计素材。

2. 充分利用网络资源

身处网络时代，各种网络资源大大拓展了学习的空间范围，通过网络可以学习到不同地域、不同文化、不同层次的海量设计，也可以接触到最前端的设计，感知设计潮流。另外，素材设计网站也为设计师提供了设计的便捷途径，比如：沃格斯克网、联盟素材、千图网、素材资源库、昵图网、素材中国、我图网、汇图网、素材天下、天堂图片网、站酷、红动中国、全景图库，等等。但在享受便捷的同时也不要忘记切勿养成放弃思考的习惯。

3. 自然素材的积累

美妙奇趣的大自然永远是设计师的老师，如自然界中各种各样的动植物形态、缤纷绚丽的色彩，都可以成为激发设计师创作灵感的源泉。自然界的美景与事物在提供设计素材的同时，还可以为设计找到表现方式，打破固有的僵化的思维模式。

二、集体设计讨论

集体设计讨论必须在学习创新思维方式的基础上进行，通过不同创新思维方法的学习，可以增加学生创新设计的思维途径，集体设计讨论也是检验学生此项学习内容掌握程度的方法，在实践中加深对知识的认知与运用能力，是对教学知识体系的更高阶进展。在讨论中可以锻炼学生的产品设计知识与设计能力以及综合美感素质，在互评中培养学生的批判性思维，在产品的创新设计中飞扬创造性思维。因此，此项活动必不可少。

以往的艺术教学更倾向于分别指导，是教师与单个学生的一对一交流，是两种思维的相互撞击与交流。这种讨论方式往往为教师自上而下的指导性教学，学生出于对老师的尊重很难达到真正的探讨目的。

相对于教师与学生的一对一研讨，集体设计研讨具有明显优势：
①学生之间相互学习，取长补短。
②畅所欲言无障碍交流。
③众人拾柴火焰高，集体智慧的体现。
④发现学生特点，利于教师教学。
⑤增强学习氛围，提高教学质量。

章节作业

要求学生运用所学习的创新思维方法捕捉设计灵感，并形成个人设计基本思路。

1. 整理设计日记，每日10幅设计灵感记录。

2. 开展个人设计分析，要求认真分析每个设计日记，并进行对比性研究。

考核评价标准：创造力、分析力、思辨力、工作态度。

思政题

简述创新在传统文化传承与发展中的作用。

第四章　设计制图

在充分地调研与学习，完成设计定位之后，设计制图是将前期的设计理念物化的过程。通过设计草图可以更加细致全面地观察推敲设计方案。

设计制图的主要教学目的是培养学生自觉运用各种作图手段的能力，包括图板绘图、徒手绘图和计算机绘图等手段，训练设计者对设计对象构思、分析和表达的才能。不容忽视的是，现代产品设计要求设计人员在设计过程中，对设计对象的表达不仅要从形状、尺寸、大小等方面进行，还要考虑产品的加工制造工艺、装配的合理性，以及其经济价值、实用价值和技术美学等多重方面因素。综上因素，设计制图的绘制过程，综合了工业造型设计、工程结构、制造工艺、装配工艺、设计计算、计算机技术、工业经济等多方面的知识和能力。由于一个产品从设计到生产，再到销售涉及多个专业领域。因此，此章只涉及美术设计专业制图方面知识。

第一节　草图绘制

手绘快速表现需要设计师以线条的方式将脑中已有的产品设计构思清晰准确地表达出来，在较短的时间内表达精准是关键。快速表达是否准确、清晰，就需要兼顾诸如造型、透视、内部结构、线条流畅度、画面整体性等因素，这样才能保证完整还原设计师的设计构思。

除了运用三视图的绘画、组合体表达产品形态，还要有使用方法、零件图与装配图。根据实际设计情况，草图绘制又可分为：概念草图、形态草图、结构草图三种形式。

一、概念草图

概念草图是设计的初始化表达或者造型的概念阶段，其具有待继续推敲的可能性和不确定性，要求设计者后期继续深入研究，但是能够表达初期的意向和概念。概念草图要求能够说明基本意向，具有图纸的特点以及大致的比例和形体的准确度。草图以表现设计概念为佳，通常不要求很精细，如图4-1所示。

首先，概念草图就是把一瞬间的想法画出来，是设计师脑中设计的雏形。在此基

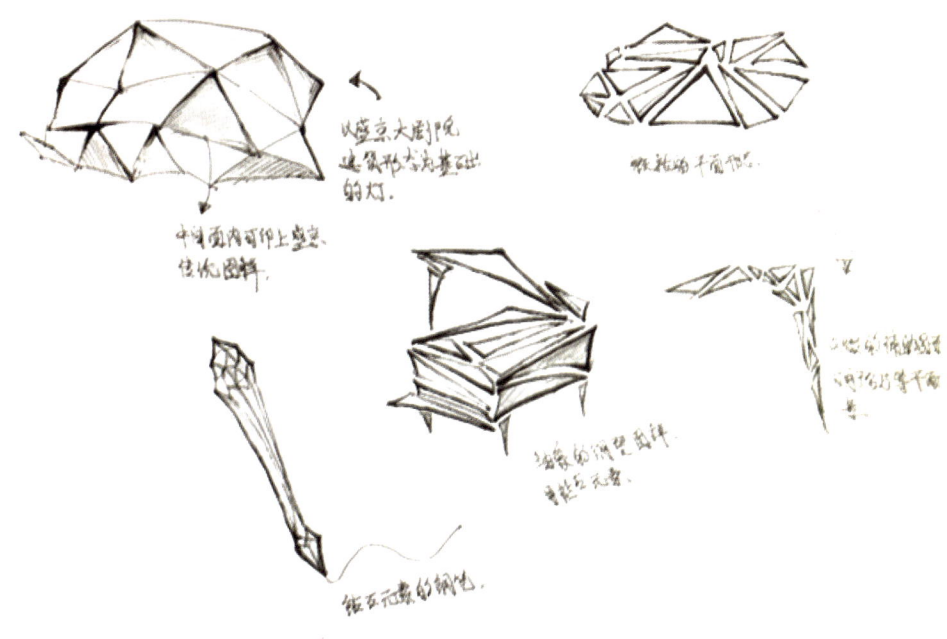

图4-1 盛京大剧院文创产品概念草图 廖文钰

础上将设计想法扩展延伸。这种方法可以让设计师开拓思维想象,并表达反馈在实际的视觉图像中。

其次,概念草图设计具有自由化的特点,可以绘制多个草图,风格也可以不同,总之是鼓励设计师去表达自己的想法。

最后,草图设计是设计师本身设计理念和定位的体现,往往决定之后设计的发展方向。

学生只要把握住这几点就能将概念草图绘制好。

二、形态草图

设计者以概念草图为基础反复进行设计的论证、发展和确认,通过对概念草图的多方论证与筛选,找出具有优质设计意图的草图进行进一步的深入研究与刻画,一般情况下此种草图称为形态草图。形态草图要从产品的造型、色彩及材质等方面进行设计,做到视觉效果直接表现,此时透视图的表现方式更为适合。使用工具更加丰富,除了绘制线条的各种笔类,还可以使用马克笔、水彩颜料等表现工具,如图4-2、图4-3所示。

三、结构草图

结构草图是当设计师经过论证、思考而得到某个可行的具体产品形象时,产品形象的各个角度特征会随着绘图的进展而逐渐清晰,此时的草图称为结构草图。在所有产品设计草图中,表现产品整体形态的图,称之为主图,其他的辅助图形和文字、符号应围绕主图,用来清晰地表现产品方案,使产品特征一目了然。产品视角的选择在

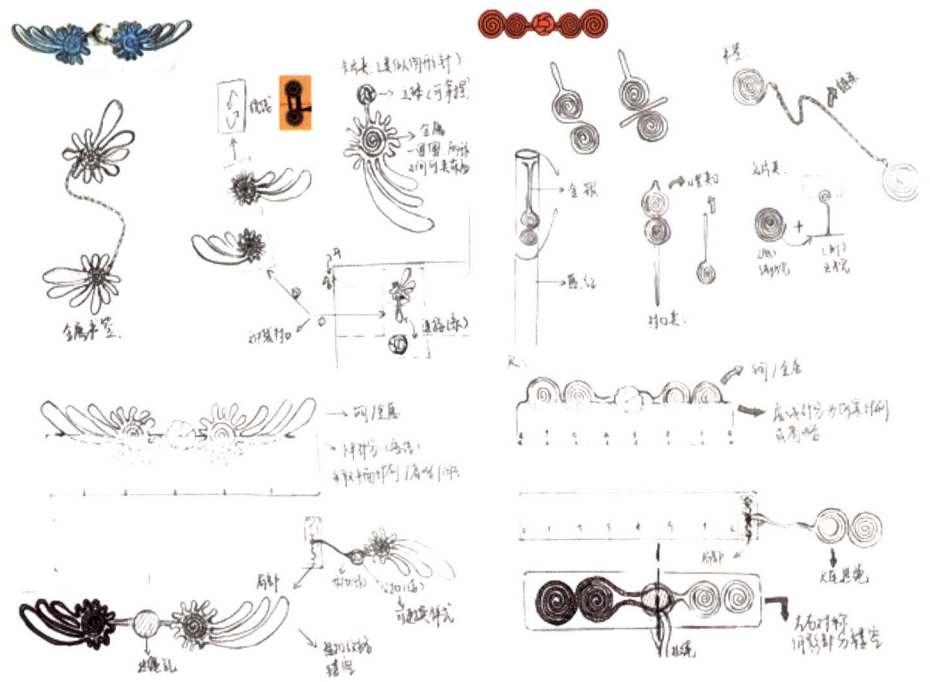

图4-2 盘扣文创产品形态草图 白宇婷

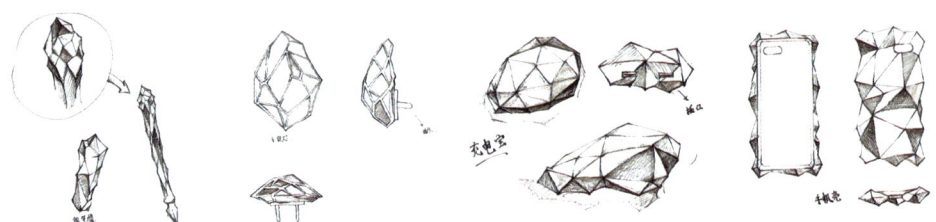

图4-3 盛京大剧院文创产品形态草图 廖文钰

绘制产品整体透视图时尤为重要,要选择那些能最大化地体现产品特征的角度。

1. 产品操作方式说明图

产品操作方式说明图是结合产品使用场景,通过使用的步骤图、产品与人体的关系、操作过程来展现产品。这些需要应用一些人体简图结合产品草图来表现。如果能形成完整的产品设计故事板,那就会使得观者更加直观地感受到产品设计意图,如图4-4所示。

2. 产品结构分解图

在完成外观设计环节后,就要思考产品结构的问题了。产品结构分解图需要产品设计师与结构工程师沟通、协调、合作进行。只关注产品的外观是不全面的,产品设计更重要的是结构的稳定性、可靠性、安全性等。在相互交流这些结构问题时,说明性草图会最具说服力。产品结构分解图不需要过多的修饰,要尽量客观地传达设计意图,防止交流中产生歧义,如图4-5所示。

3. 产品外观尺寸图

产品外观尺寸图是标注产品外观尺寸的设计草图,对于产品的大小、高低、薄厚等具体尺寸都要一一标注。没有尺度设计的方案是不完整的,很多时候在设计方案细

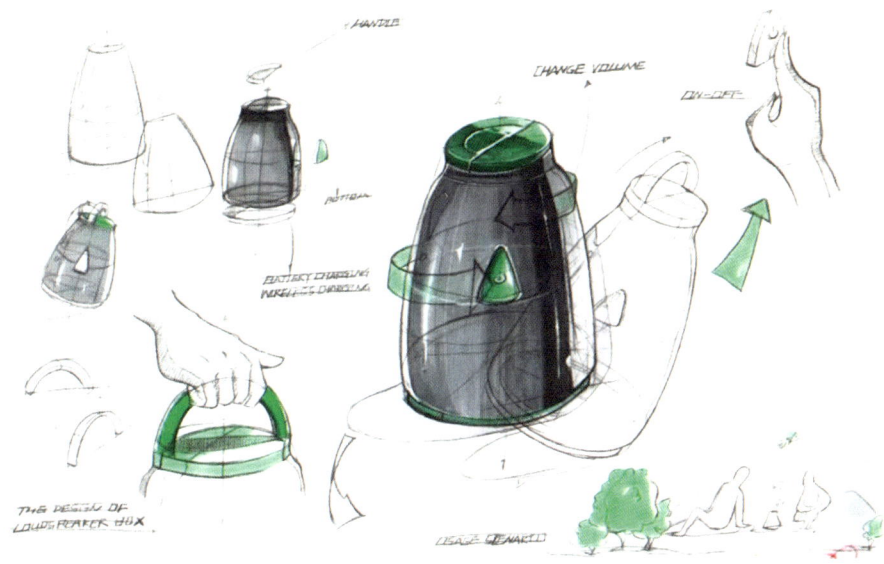

图4-4　产品操作方式说明图　石上源（韩）

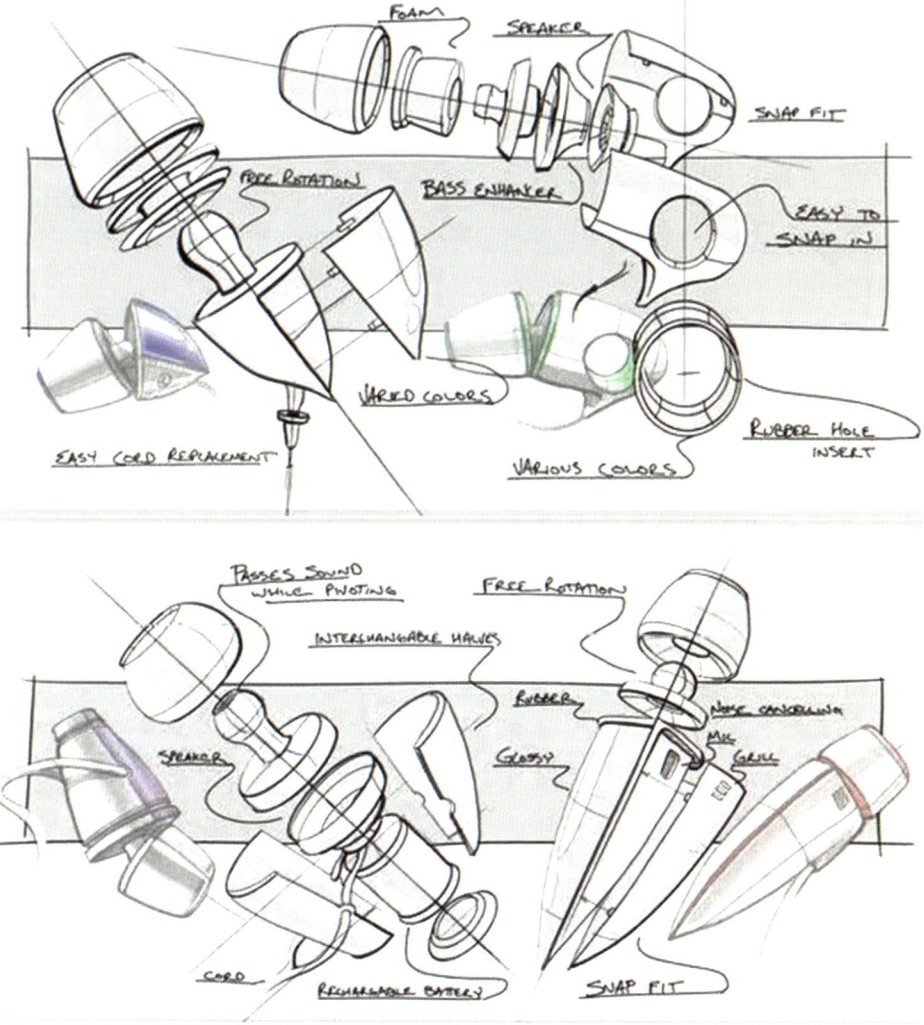

图4-5　产品结构分解图　图片来源于网络

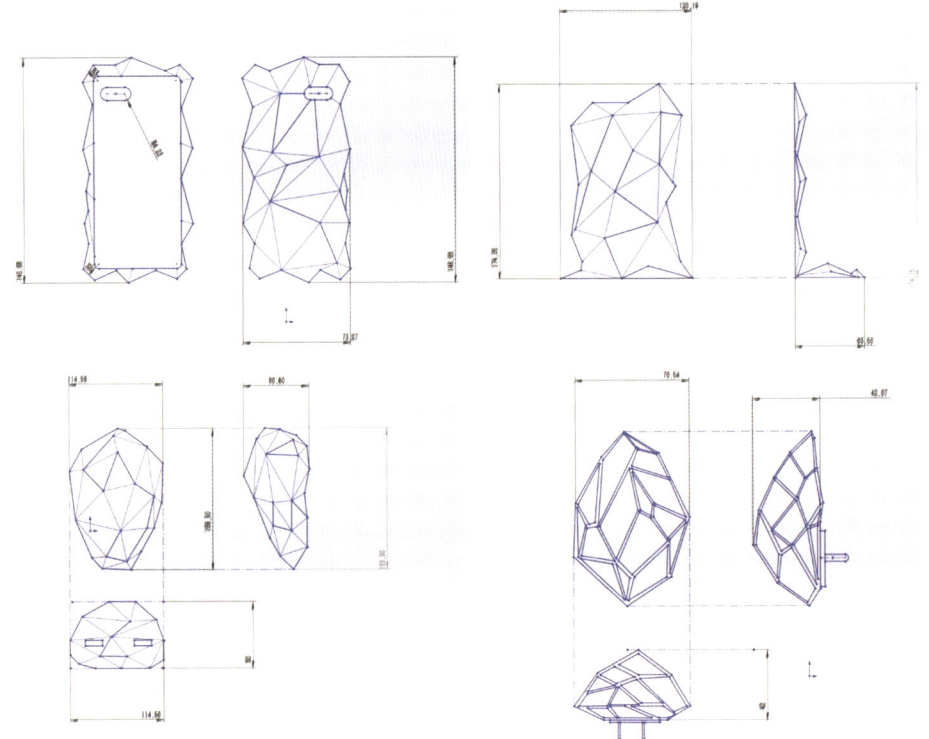

图4-6　盛京大剧院文创产品外观尺寸图　廖文钰

化时会发现产品尺寸与有些功能矛盾，不得不对前期的设计重新修改，这无疑会给设计进度带来了很大的障碍。绘制设计草图过程中要从人机工程学方面考虑产品尺寸，即通常所说的人机尺寸。这也是同学在画草图时经常忽略的一点。学生往往把注意力集中在产品的外观和功能设计的层面，但却容易导致徒有其表、经不起推敲的结果。通常可以用三视图标注尺寸表现，如图4-6所示。

第二节　电脑制图

在文创产品设计过程中，设计被分为两种不同的程序：一种是工程制图，即工程师根据产品内部结构与零部件，合理地安排产品的内部结构；另一种是设计师的产品外部形态制图。设计师必须了解基本工程设计原理，熟练运用各种制图工具。文创产品设计制图又可以分为立体与平面两种，设计的制图软件各不相同。

一、文创产品建模效果图

文创产品立体建模效果图应以接近真实产品的视觉形式，清晰、准确地表达产品的造型、色彩、材质以及功能。经过对各种草图方案的绘制及方案论证的初步评价与筛选之后，选择可行性较强的方案在更为严格的限制条件下进行深化。设计师必须严谨、理性地综合考虑各种具体的制约因素，包括内部结构、比例尺度等。在现代的产品设计中，各种二维绘图软件及数位绘制板、计算机辅助设计建模工具是较为常见的制图形式，计算机辅助设计能够有效传达设计预想的真实效果，具有手绘代替不了的优势，为下一步进行研讨与实体产品制作奠定不可或缺的基础。

计算机建模同样是一个调整的过程，可以使草图设计中的尺寸概念更加清晰，遇到尺寸与造型不匹配时，在建模时可以根据参数进行调整，让产品更具合理性和完整性。

在建模过程中，要尽量让产品细节表现得丰富，尽量塑造产品的真实感，比如部件之间的缝隙、边缘的倒角、小图标等，如图4-7所示的。

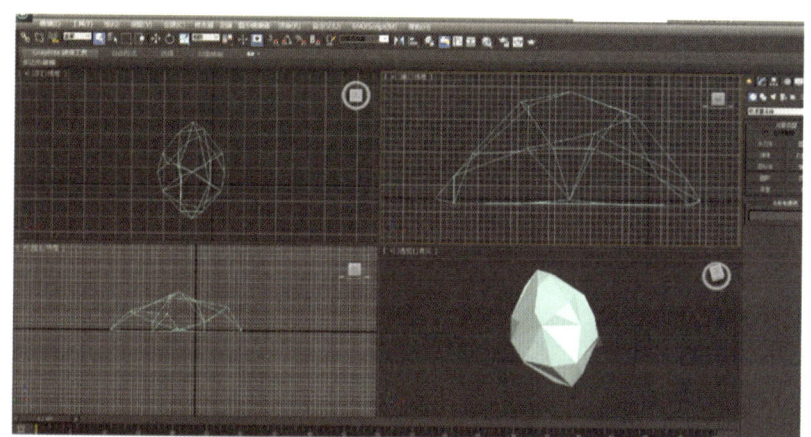

图4-7　3ds Max工作界面

二、文创产品平面效果图

图形设计的一大特征是平面化的表现。它将现实中的事物在二维空间中进行表现，追求画面的生动、饱满、均衡的效果。二维形态的设计可以二维形态独立存在，还可以附着在三维形态的产品之上，起到装饰的作用，拓展作品表现空间，使设计价值最大化。

1. 常用的平面制图软件

（1）Adobe Photoshop

Adobe Photoshop（简称"PS"）主要处理以像素所构成的数字图像，使用强大的、众多的编修与绘图工具，可以进行有效的图片编辑工作。PS制图在图像、图形、文字、视频、出版等各方面都有涉及，如图4-8所示。

图4-8　Adobe Photoshop工作界面　胡俊皓

（2）Adobe Illustrator

Adobe Illustrator（被简称"AI"）是一种应用于多媒体、出版和在线图像的工业标准矢量插画软件。作为一款功能强大的矢量图形处理工具，主要应用于印刷出版、多媒体图像处理、互联网页制作和专业插画等，AI以其较高的精度和控制，适合生产任何复杂的项目，如图4-9所示。

（3）CorelDRAW Graphics Suite

CorelDRAW Graphics Suite（简称"CorelDRAW"），是一款专用于矢量图形编辑与排版的图形制作工具软件。CorelDRAW包含两个绘图应用程序：一个用于矢量图及页面设计，一个用于图像编辑。这两种程序的组合带给用户强大的制作工具，为用户提供矢量动画、页面设计、网站制作、位图编辑和网页动画等多种制图功能。如图4-10即是运用CorelDRAW制作LOGO。

2. 产品渲染

所谓"三分设计、七分渲染"，虽然说有些夸大其词，但在一定程度上也说明了真

图4-9　Adobe Illustrator工作界面　胡俊皓

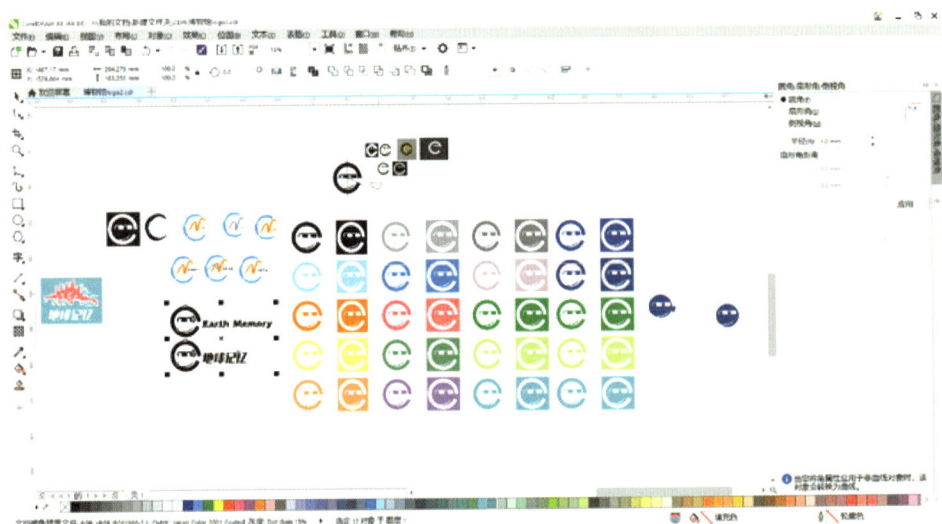

图4-10　CorelDRAW工作界面　李鑫建

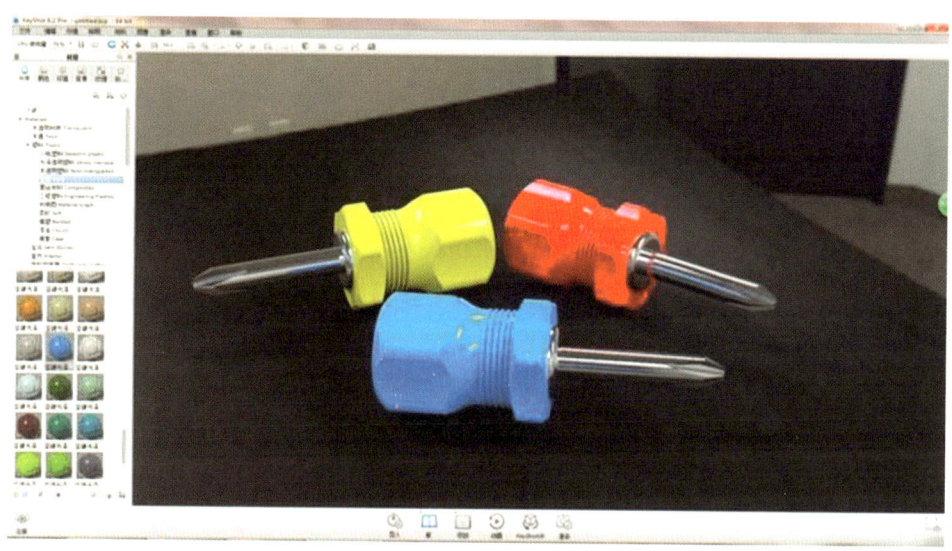

图4-11　KeyShot工作界面

实渲染效果的作用。产品的渲染能够使作品看起来更加完整、真实。渲染的目的是为了使观者感觉到产品的真实性，更接近于商业标准。

常用的产品渲染工具有KeyShot和Brazil。KeyShot的优势有两个：①速度快，基本上几分钟就能出结果，KeyShot可以做到完全实时渲染，效率极高，如图4-11所示；②操作简单，KeyShot在工业产品的渲染方面优势突出，材质、灯光、场景都是现成的，拖动即可赋予材质，对于初学者来说简单易学。在使用时可以结合Photoshop使用，能基本满足产品渲染需求。

第三节　文创产品包装设计

一、包装设计

商品化的今天，文创产品除了要满足功能所需，还应对文化与艺术有所传承。文创产品正以越来越重要的位置丰富着我们的生活，得到社会各界的关注。好的文创产品的包装设计要与设计产品相匹配，包括设计风格与内部产品展示，以及包装材质。包装设计要起到促进商品销售的作用，并能在商品流通过程中更好地保护商品。值得注意的是，文创产品的包装设计可以使商品在竞争中脱颖而出，是塑造品牌形象的一种途径。在打造品牌形象时，产品包装率先进入消费者的视野，因此，包装的设计对于产品的销售非常重要。产品包装设计包含视觉包装和心理包装，包装设计绝不仅仅是机械地将包装做出来，而要得到消费者视觉和心理的双重认同。

对于文创产品包装设计而言，不能一味地迎合消费者的喜好，应该反映品牌的风格形象特征。同样，包装设计也一直跟随着市场变化的脚步，各大品牌纷纷尝试将更多的创新与附加价值引入自身的产品包装设计之中，寻找品牌发展的突破。

1. 数字包装印刷

数字包装印刷技术在当今社会的应用已经非常普及，文创产品包装设计也同样普遍利用数字印刷进行包装的设计与生产。产品的包装设计方法可以通过以下两种来实现，当然关于包装设计的具体方法还有很多，这里就不过多赘述。

（1）产品展示法

产品展示法是一种最常见的、运用十分广泛的方法。由于这种手法是直接将产品推向消费者面前，因此可以迅速建立消费者对产品的亲切感和信任感。在具体设计时，应着力突出品牌和产品本身最容易打动人心的部分，要十分注意画面的排版组合和展示角度，字体的大小与样式要与产品风格和画面组合相匹配，还可以运用背景和色光进行烘托，使产品更具感染力与视觉冲击力，如图4-12所示。

（2）突出特征法

突出特征法是产品包装鲜明地表现出产品或主题本身的突出特征，彰显与众不同的品质。在包装设计时，要将这些特征置于画面的主要视觉部位，使消费者可以直观地感受到产品的特征，并产生兴趣，达到刺激消费欲望的商业目的。在包装设计表现中，抓住个性产品形象、特殊功能、标志等要素来设计，并着力加以突出和渲染是比较常见的设计方法。突出特征的手法是包装设计中突出广告主题的重要手法之一，运用得十分普遍，有着不可忽略的表现力。如图4-13所示的包装袋就是以古生物化石与LOGO来突出地球记忆的品牌特征。

2. 绿色环保生态化包装

随着现代社会的不断进步，人们的观念意识不断提升，社会大众的环保意识越来越强，绿色环保产品包装逐渐被社会青睐，有着很大的发展潜能。在这种时代背景下，可重复使用的绿色环保包装将会成为影响消费者购买行为的重要因素。因此，文创产品包装设计应充分重视此因素对于品牌竞争力与营销战略的影响。顺应时代发展的文创产品包装设计，应该在考虑产品固有的功能的展示外，充分发挥产品包装的可持续利用潜力，延长产品包装的使用周期，这将有助于文创产品品牌的形象塑造和影响力的拓展。

图4-12　神兽盲盒包装　李天阔

图4-13　地球记忆手提袋　胡俊皓

3. 多层面包装设计

多层面包装设计是综合多方面因素，从多角度、多层面考虑进行产品的包装设计，这也是为了适应越来越激烈的文化创意市场竞争，通过多方面因素的共同配合建立起品牌的核心竞争力。

二、包装材料

包装材料是指用于制造产品配套包的材料，需要满足包装容器、包装装潢、包装运输等要求，它既包括金属、玻璃、塑料、纸、陶瓷、竹木、天然纤维、化学纤维、复合材料等主材料，又包括辅助材料，如捆扎带、装潢、印刷材料等。

塑料包装材料是最为常见的包装材料，广泛应用于各类产品的包装之中，如撕裂膜、PET打包带、封箱胶带、PP打包带、中空板、缠绕膜、热收缩膜、塑料膜等。

纸包装材料常用的有纸袋纸、蜂窝纸、蜂窝纸板、干燥剂包装纸、牛皮纸、蜂窝纸芯等。

复合类软包装材料有软包装、铁芯线、镀铝膜、真空镀铝纸、铝箔复合膜、复合纸、复合膜、BOPP等。

陶瓷包装即为各种陶瓷材质的包装，如比较常见的陶瓷酒瓶等。

金属包装材料有些为包装辅助材料，如打包扣、桶箍、马口铁铝箔、PTP铝箔、钢带、泡罩铝、铝板等。

木质包装材料因其坚固性与韧性常被用于易碎品或较为强调品质感的产品包装，如陶瓷产品的包装常用木质的包装材料。

玻璃包装材料有玻璃瓶、玻璃盒、玻璃罐等。

随着时代的发展，包装的形式与材料不断地推陈出新，倾向于更便捷、更环保的发展方向。如图4-14所示是时下非常流行的快客杯包装，为那些旅行在外却又注重生活品质的人们提供了便利。

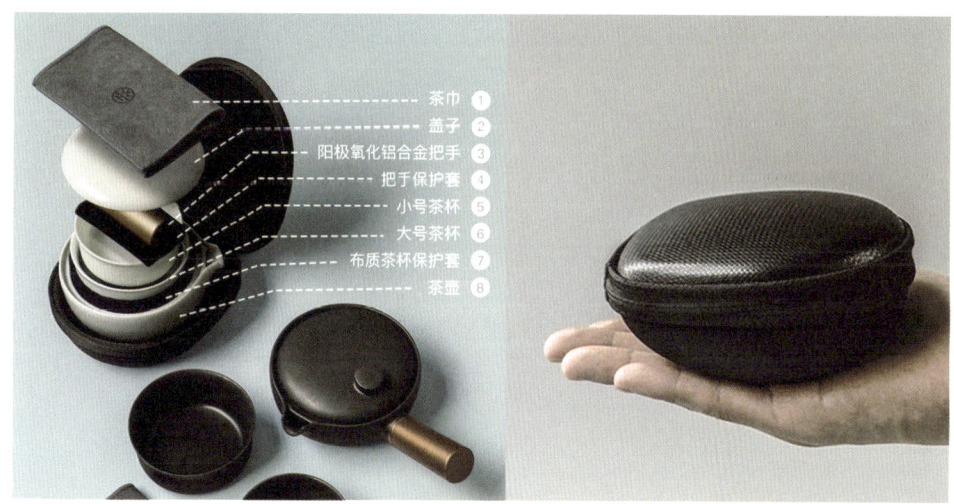

图4-14　一体成型便携快客杯包装

三、生产厂商选择

1. 沟通流程

产品包装制作应与生产厂商专业人员充分沟通，确定印刷数量、纸张类型、纸张克数、印刷工艺、制作周期等问题。

2. 质量把关

通过打样检验控制产品质量，确定生产能力与印刷条件。

章节作业 — 要求学生熟练运用制图软件，将个人设计全面完整呈现。

1. 绘制产品概念草图。

2. 绘制产品形态草图。

3. 绘制产品结构草图。

4. 产品电脑制图与包装设计。

考核评价标准：手绘能力、电脑制图能力、色彩运用能力、沟通能力。

思政题 — 简述文化创造性转化对于增强民族文化自信的作用。

第五章　材料与工艺分析

在产品设计中，材料的恰当使用对于产品的整体品质、功能、视觉的体现非常重要。这就要求设计师对不同材料的特性与工艺有一定的认识和研究。材料的种类繁多，比如传统的木材、陶瓷、玻璃、金属以及现代越来越成熟的科技含量高的复合材料等，它们为产品设计提供了更多探索的空间。

第一节　材料与工艺

一、树脂与塑料

1. 树脂

树脂通常是指在一定范围内受热后有软化或熔融，软化时在外力作用下可变形，常温下呈固态或半固态，有时也可以是液态的有机聚合物。广义上，任何可以作为塑料制品加工原料的高分子化合物都可以称为树脂。

树脂可以分为天然树脂和合成树脂。天然树脂是有机物质，由自然界中动植物分泌物所形成，如琥珀、松香、虫胶等，如图5-1所示。合成树脂是指由简单的有机物经化学合成，或某些天然产物经化学反应而得到的树脂产物，如聚氯乙烯树脂、酚醛树脂等。合成树脂是塑料的主要成分。

环氧树脂水晶滴胶是树脂的一种，是两种液体混合的硬化胶，一种液体是本胶，另一种液体是硬化剂，二者混合才能硬化，常温下即可硬化，制作模型时常常应用到。环氧树脂水晶滴胶适用于首饰徽章、钥匙牌、皮带扣、拉手、抽屉把手、相框、标牌、假珐琅等工艺品。

由于环氧树脂水晶滴胶操作方法简单，适合手工制作，经常成为学生制作作品的材料，虽然树脂材料成本低廉，制作工艺相对简单，但仍有制作精良又富有设计巧思的作品存在，设计师运用精湛的设计方法让平淡无奇的树脂焕发出艺术光彩。如图5-2所示，作者Sarah King用树脂探讨新的空间构成方式。首饰呈半透明状，白银线穿插其间，如同光线在空间穿梭，是一件基于对材料充分理解上的奇妙作品。

图5-1　天然树脂

图5-2　树脂手镯　Sarah King

2. 塑料

塑料是通过加聚或缩聚反应聚合而成的高分子化合物，介于纤维和橡胶之间，抗形变能力中等，由合成树脂及填料、稳定剂、增塑剂、润滑剂、色料等添加剂组成。

大多数塑料有化学性稳定、质轻、不易锈蚀、耐冲击性好、透明性高、绝缘性佳、导热性低的优点。而且熟料可塑性强、着色性好、加工成本低。但大部分塑料耐热性差，热膨胀率大，易燃烧、容易变形、多数不耐低温，且容易老化。价格低廉是塑料的优势。

图5-3的Humphrey是一款非常可爱的鲸鱼造型切蛋器，以塑料制成，只要将鸡蛋放入鲸鱼的嘴巴，就能轻松地将鸡蛋切成片。

图5-3　Humphrey 切蛋器

二、陶瓷与玻璃

1. 陶瓷

陶瓷,是以黏土制作,经高温烧制而成。陶瓷可以分为陶器、炻器和瓷器,三者的本质区别在于原材料的差别,陶器用陶土烧制而成,瓷器的主要成分是更加纯净、洁白的高岭土,炻器的原料内含有瓷粉熟料的成分,烧成率更高。中国的陶瓷发展历史悠久且成就非凡,早在新石器时代原始人类就发明了陶器,唐三彩、宋代五大名窑、青花瓷等无一不是闻名世界的优秀文化遗产。

由于炻器在烧成后与瓷器质感接近,因此这里说一下陶器与瓷器的差别。陶质材料由于烧制温度一般是中低温烧成,在700℃—1150℃之间,所以与瓷相比质地相对松散;另外,由于原材料的差别,陶土内含有的沙砾较多,因此颗粒感明显,这些恰恰造就了陶器古朴自然的朴拙之美。陶的种类很多,从色泽上分有黑陶、白陶、红陶、灰陶和黄陶等,最为有名的陶器是宜兴紫砂,宜兴特有的五色陶土为当地制陶业的发展提供了天然优势。陶土原料中铁的含量较高,因此色泽较瓷土深。瓷质材料要经过高温才能完全烧熟,烧制温度一般在1200℃以上。瓷器的质地更加细密、坚硬,古往今来受到人们的广泛喜爱,瓷器的这些特质决定了其非常适合家居日常的使用。古人形容瓷器"声如磬、明如镜、颜如玉、薄如纸",多给人精致、高贵华丽之感,装饰方式多样,与陶器的朴实之感正好相反。

陶瓷不同的成型方法适合不同的产品与生产规模。拉坯成型、捏塑成型、泥板成型适合以手作为主的产品;模具成型又分为印坯成型与注浆成型,前者适合半手工的小量生产,后者适合工业化批量生产。

陶瓷的装饰方式多种多样,因此在大量的文创产品中得到广泛应用,如彩绘装饰、雕刻装饰、釉色装饰等,如图5-4、图5-5所示。

图5-4　青花缠枝莲山水瓶　栗翠

图5-5　上海城市文创产品瓶
陶润实业发展有限公司

2. 玻璃

玻璃一般的主要原料是石英砂、硼酸、硼砂、重晶石、长石、碳酸钡、石灰石、纯碱等，再加入少量辅助原料制成的非晶无机非金属材料，它的主要成分为二氧化硅和其他氧化物。由于玻璃的通透性，可以用来隔风透光，所以被广泛应用于建筑物。市面上琳琅满目的有色玻璃，原因是混入了某些金属的氧化物或者盐类，另外还有钢化玻璃等特种玻璃，如汽车窗玻璃、手机和电视的屏幕等。

玻璃经高温熔融、匀化后，可以加工成各种形态，广泛用于建筑、日用、化学、电子、医疗、艺术、仪表等领域。

玻璃的种类繁多，如浮雕玻璃、晶彩玻璃、琉璃玻璃、玻璃马赛克、热熔玻璃、发光玻璃、夹丝玻璃、钢化玻璃、夹层玻璃、中空玻璃、调光玻璃，等等。现今，玻璃制品与工艺品被越来越多人关注。

图5-6是中国青年玻璃艺术家杜蒙的作品，名为《高地回声》，用玻璃、石头、茶、银箔铁制成，荣获了日本金泽国际玻璃艺术大赏优秀奖。这组作品不是单纯地对制作工艺的追求，而是尝试不同的表现形式，造型独特，具有创新意义。

图5-6　高地回声　杜蒙

三、硅胶

硅胶主要成分是二氧化硅,有很强的吸附能力,不易燃,化学性质稳定。硅胶属非晶态物质,呈半透明玻璃状、不规则小珠状、颗粒状,是一种高活性吸附材料。在具体生产操作时需佩戴口罩,并加强排风。硅胶还含有潜在毒性,对人的皮肤能产生干燥作用,应避免接触眼睛、口鼻。

硅胶化学性质稳定,吸附性能高,热稳定性好,有较高的力学强度等特性,拥有许多其他同类材料难以取代的天然优势。在各种生活产品中,硅胶得到了广泛的应用,如母婴用品、玩具、日用品、厨具、文具、数码配件、汽车配件等。

图5-7的笔筒就是以硅胶为主材,用灰色模拟混凝土的质感。作品创作灵感来源于日本建筑大师安藤忠雄设计的亚洲大学亚洲现代美术馆,如图5-8所示。安藤忠雄的建筑素以清水混凝土墙面结构直接裸露作为内外装饰,清水混凝土大面积的灰色使整栋建筑呈现出现代工业感。TripleLiving工作室的文创产品正是提取此种工业风格,用着色硅胶来模拟清水混凝土的视觉效果。

图5-7 硅胶笔筒
TripleLiving工作室

图5-8 亚洲现代美术馆
安藤忠雄(日)

四、天然材料

天然材料与人工合成材料相对应，是指自然界原本存在、未经加工或基本不加工就可直接使用的材料，如木、竹、毛皮、砂、石、皮革、兽角等。

木材因取材方便，自古以来就是人们喜爱的天然材料，此外，木材天然的色泽及纹理、质轻且富有韧性的特点，也吸引了众多喜欢自然之感的人们。木材的种类繁多，如软质木材、硬质木材等，这是由于不同的生长速度与环境造成的。不同的木材由于色泽与纹理的差别，表现出完全不同的美感，根据不同木材的特点可采用不同的加工方法。从家具到地板，再到木质装饰品、木制玩具等，木材的创意使用成为设计领域的热门话题。

天然材料的自然质感受到很多设计师的推崇。如图5-9所示，Glowing whale是俄罗斯设计师Eduard Golikov的作品，采用桦木制作，与灯光相结合视觉效果更惊艳。

图5-10是Ciszak Dalmas设计的灯具，产品由西班牙马德里、意大利都灵、巴西圣保罗三地的创意工匠手工制作。该产品通过年轻的设计师和经验丰富的工匠共同交流完成，将设计师年轻激情的想法和流传民间的古老技术结合在一起，以各地不同的手工艺传统和材料来表现相同的设计想法。

五、金属材料

金属材料是指具有导电性、传热性、延展性、有光泽等性质的材料，一般分为有色金属和黑色金属两种。

金属材质硬朗的线条既可以塑造产品的现代感，金属光泽的变换又可以体现产品

图5-9 Glowing whale Eduard Golikov（俄）

图5-10 La clinica 灯具 Ciszak Dalmas 设计工作室（西班牙）

的品质之感，因此金属材质在现代设计界受到热烈的推崇。金属在产品设计上的应用十分广泛，如手机家电、装潢材料、家居日用品、数码产品等。在未来的设计中，设计师可以将金属特有的性质与社会科技相融合，充分发掘金属的质感之美，使之更好地服务于生活。在创造经济价值的同时，也为人们在美感上创造更多的艺术表现产品。

不同的金属色泽不同，比如贵金属的色泽会自带华美之感，在产品生产中为了提升产品的视觉美感，在保证成本的前提下，往往会选择金属镀色膜的技术，使得金属表面呈现出想要的色彩。这是一种化学、电化学或置换等方法在金属表面形成一层特定颜色有色膜的技术，应用十分广泛。

另外还可以通过各种各样的工艺方法来创造不同的肌理效果。在产品外观设计中，可以用拉丝、抛光、喷砂与钻切等不同加工方式制造出肌理美感，再结合镀膜技术，使金属呈现出各种各样的色彩，增加材料的表现力。

图5-11的汀壶是中国北京茶素材生活研究所制造的，由庄景阳、刘芳、Keren Hu、丁凡、方建平、李宇共同设计。提梁结构的设计经典又实用，壶放落时，顺手一按提梁即可开启。亚光的表面与简约流畅的轮廓使产品呈现出简约现代的美感。

图5-12是一款名为Praying Bud的燃香阻燃器，当它被安装在香棒上时，可以防止下面的部分继续燃烧。金色阻燃器如张开的叶片，既精致又不至于过分张扬。

六、新型材料

人类的发展历史事实上就是一部创新的历史，每个时代在创新方面都有各自的功绩，新的材料对于社会科技的进步功不可没，新材料的发明极大地推动了产品及其制造过程的发展进程。下面就介绍一下当今的一些新型材料。

图5-11 汀壶 庄景阳等

图5-12 Praying Bud 燃香阻燃器
Zhang Jian

1. 硅灰石

硅灰石是一种钙硅酸盐矿物，在工业生产中广泛应用。添加硅灰石的3D打印的陶瓷复合物，其最终的烧制效果与传统手工或工业机器制造的陶瓷相同，如图5-13所示。这项利用现代3D打印技术的成果完全颠覆了传统陶瓷的生产流程，是现代科技与现代材料相结合的典范，未来有被大范围应用的可能。具有如此创新价值的材料极大地吸引了以产品为主打的公司的好奇心。

2. 智能织物

智能织物是由涂覆太阳能吸热涂层的100%不锈钢和轻质智能织物网制成的，擅长以紫外光的形式吸收热能，穿上这种材料的衣服能起到像羊毛衫一样的保暖效果，实现广大爱美人士美丽而不冻人的梦想，如图5-14所示。因这些传统织物不具备的优势而被广泛应用在运动装备领域。

3. 引力金属

引力金属材料可以不用任何连接件或黏合剂就能粘在一起，省去了以往焊接或者螺栓连接的过程，大大节省了资源与人力。它具有超强的粘合力，当粘在一起时，强度可达到单体的三倍，这些优势使其成为制造商与家居设计师的新宠，如图5-15所示。

4. 塑料纸

塑料纸是介于纸和塑料之间的一种材料，它具有易于回收、易于打印、更易于产生完美包装的独特优势。未来很有可能广泛应用于各类产品之上，如图5-16所示。

5. 彩色导电油墨

彩色导电油墨是在原有电油墨的基础上研发而成，以往的导电油墨墨水基本只有银和黑两种颜色，而现今的彩色导电油墨的突破在于，几乎可以获得任何颜色。未来这种技术可能应用于可穿戴设备或智能服装上，如图5-17所示。

图5-14 智能织物

图5-15 引力金属

图5-13 硅灰石

图5-16 塑料纸

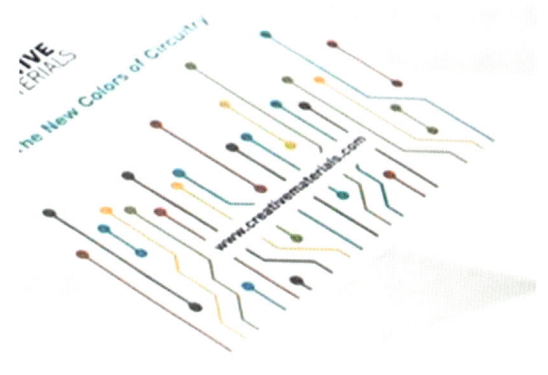

图5-17 彩色导电油墨　　　　　　　　　　图5-18 灵活的电池

6. 灵活的电池

灵活的电池可以随意折叠，这种柔性电池是由纤维纺成的，超乎想象的是它可以弯曲几千次而不影响其性能。它未来将是电子纺织品、智能服装、可穿戴设备以及变形或灵活设备的完美选择，如图5-18所示。

第二节　综合材料的设计

每一种材料都有各自不同的质感，不同的材料混搭会引发材料之间美感的变化。不同材料之间的碰撞所带来的视觉愉悦、心理情绪是设计师在选择材料与组合不同材料时的依据。在进行不同材料间的搭配时，可以将问题简单化处理，做到材质的使用与材质的加工工艺相吻合即可。

一、材质亮度的对比

亮度是以人类对明亮的感受程度来定义的。在产品设计中常利用材质的加工工艺来体现产品的材质特性。比如造成产品设计中亮度的反差，增强其设计的视觉丰富性，常用的镜面效果或者涂饰等。需要注意的是，产品设计中亮度的均匀性与节奏性非常重要，控制节奏感可以避免产生视觉疲劳，如图5-19所示。

二、加工工艺与材质肌理对比

天然材料具有浑然天成的色泽纹理，天然材料与经过加工处理后的材料的组合搭配，可形成视觉焦点，增加产品的视觉丰富性，再结合多样的环境与功能，将提供令人难以置信的混合状态，如图5-20、图5-21所示。

图5-19　材质亮度的对比　栗翠

图5-20　材质纹理工艺的对比1

图5-21　材质纹理工艺的对比2

产品材质的混搭可产生丰富的视觉感受。但是，除了视觉的对比，不应忽视和谐感，不能一味地追求变化而少了产品的整体美感。材料是产品形态的载体，所有的产品都需解决材料与产品整体形态之间的协调问题。

每一种材料都具有自身的情感的个性，就像斑斓的色彩一样。运用材质进行产品设计与绘画有异曲同工之妙，都是为了创造美、实现价值。材质的相互配合同样要注意和谐、对比、运动、统一等关系。一个好的设计产品需要适当的材质搭配来塑造产品的视觉美感，引发人们的情感共鸣，让人怦然心动，进而激发消费欲望。

第三节 作品打样

产品的材质决定其性质与功能，产品的材料选择决定后续的制作工艺与流程。立体造型的文创产品设计涉及的制作工艺更加复杂，因此对于各种材料的了解就显得更加重要。学生作品打样经常以石膏模型、树脂模型、硅胶模型、纸质模型、木材模型、3D打印模型的形式展现。

一、材料实验

因树脂材料具有可塑性强、透明度佳、价格低廉、操作简单的优势，因此经常成为学生作品的选材。以下对树脂的制作过程加以介绍，如图5-22所示。

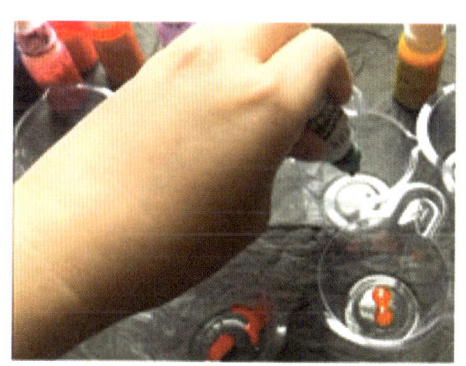
胶液调配

浇灌胶液

画出所要的形

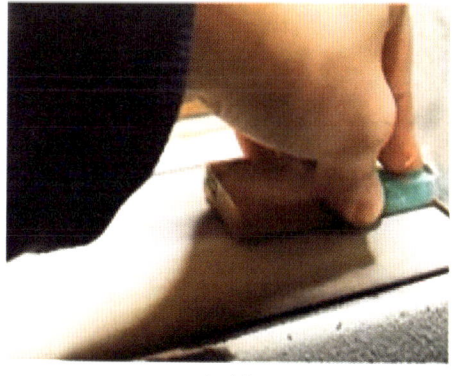
切割

打磨

成品

图5-22 环氧树脂水晶滴胶制作过程

环氧树脂水晶滴胶（俗称AB胶），流平性好、黏度低、消泡性能好；固化速度适中，可常温或中温固化；固化物硬度高、透明度佳，且表面平整光亮、附着力强。树脂适合附着在硬质产品的表面，不适用于有弹性或软质产品表面的装饰。

使用方法：

①配比：A∶B＝3∶1或2.5∶1（重量比），不同品牌略有差异，以具体产品说明为主。

②可使用时间：25℃，时间60~80分钟（100克混合量）。

③固化条件：90℃，时间1~1.5小时，常温24小时。

在制作过程中应注意：要保证产品表面的清洁与干燥；按照配比要求取量（不同品牌的产品配比量会有所差别），要注意配比是重量比而非体积比，A、B胶要充分搅拌均匀，避免固化不完全的情况发生；将产品水平摆放，注入搅拌均匀的胶液，固化过程中要避免产品倾斜，以防胶液溢出。

二、作品打样

不同的设计方案对应不同的制作方案。每一种产品设计方案应用的材料各异，制作流程各不相同，因此因材施艺非常重要。以一位学生的宫廷胸针产品为例。作品以清宫女性的形象为设计元素，通过表情与头饰表现宫廷女性的心理变化，生动地刻画了从少女到成熟，再到世故老到的心路历程，如图5-23~图5-25所示。

图5-23　面部制作过程　徐狄姝

图5-24　头饰组装　徐狄姝

图5-25　最终效果　徐狄姝

章节作业　要求学生结合个人设计展开材料试验，把握思维连续性，形成个人的思考论证。

1. 设计方案制作。

2. 设计作品评估。

考核评价标准：分析能力、动手力、综合设计力、工作态度。

思政题　简述"工匠精神"在中国传统工艺传承中的作用。

第六章 文创产品案例

当今,文化创意产业已经成为第三产业的重要组成部分,是一座城市"软实力"的体现,文创产业占GDP比重能否达到10%是考察一座城市是否具备文创竞争力的重要指标。因此,各大城市都在为文创产业发展做着不懈的努力。

第一节 品牌文创案例

一、古生物博物馆文创设计

1. 文化调研

对于古生物博物馆的调研,学生进行了多番深入的实地参观与研究。期间查阅大量的相关资料,对现有市场上的古生物相关文创产品进行搜集与整理,现场考察古生物博物馆的参观流量,并对参观人群加以分析,因此来分析产品定位与设计倾向,并形成文化调研报告,报告应整体规范、流程合理,最终形成思维导图。

为了更全面地展示学生的调研过程,将学生的调研报告展示于此,见表6-1。

表6-1 古生物博物馆文化调研报告（调研学生：胡竣皓、胡琴庆、李鑫健）

博物馆概况	我国迄今规模最大的古生物博物馆,占地面积19000平方米,建筑面积15000平方米,建筑外形独特,建筑整体如庞大的地质体和一个巨型恐龙的融合。博物馆共设8个展厅16个展区。其中,鞍山群早期生命、燕辽生物群、热河生物群、辽宁的古人类是四大亮点
人群分析	参观人群以青少年为主,他们对世界有着强烈的好奇心和探索欲,是文创产品的主要消费客户和设计的主要对象。家长作为陪同,不可避免的成为第二潜在消费客户,陪同家长多为中年、中老年

续表

现有商业状况	博物馆商店在地理位置、文化价值和产品种类上都具有竞争优势。地理位置上紧邻地铁出入口，文化上有学校和博物馆作为依托，从2011年发展到现在，商店内正在销售的商品也日渐丰富，但没有独立的品牌。 首先，博物馆只是博物馆，没有独立的品牌，自有产品特征不明显，局限于前几年的产品风格和种类，如玩偶、贴图积木、第三方的恐龙拼装玩具等；其次，商品缺少品牌精神。博物馆商店作为消费者与博物馆的第二次沟通，不能把商店真正作为商店，要做输出自己独有文化价值的商店
市场分析	一方面，博物馆拥有稳定的消费基础和消费人群；另一方面，博物馆有固定的消费时间和可观的流量。青少年日常活动还是以学习为主，周末和节假日才能参观，参观时间固定，消费时间固定，方便博物馆举行活动，而法定节假日则流量爆满
设计切入点	从品牌设计出发，以品牌形象和自有文化为基础设计产品，如恐龙元素、博物馆文化、校园元素、流行风格等
人员分工	李鑫健：文案、申请书、logo设计、文化衍生品、平面地图； 胡琴庆：品牌形象的视觉化体现、渲染、建模、印章、平面地图； 胡竣皓：萌宠设计、辅助图形、衍生品的电脑表现、平面地图
产品方向	以博物馆自有文化为主，进行改变创造，结合当今热门，如流行配色、像素风、拼接、字母体、盲盒等。产品种类上以文具套件（笔、本、封皮、纸胶带、明信片、砚台、毛笔等）、生活套件（手机壳、挂链、冰箱贴、水杯、纪念品等）等为主

2. 设计方案实施

在文化调研的基础上，学生通过设计构思，经过草图绘制与研讨，再到电脑制图与设计研讨，最终形成了完整的设计方案。其思维导图如图6-1所示。

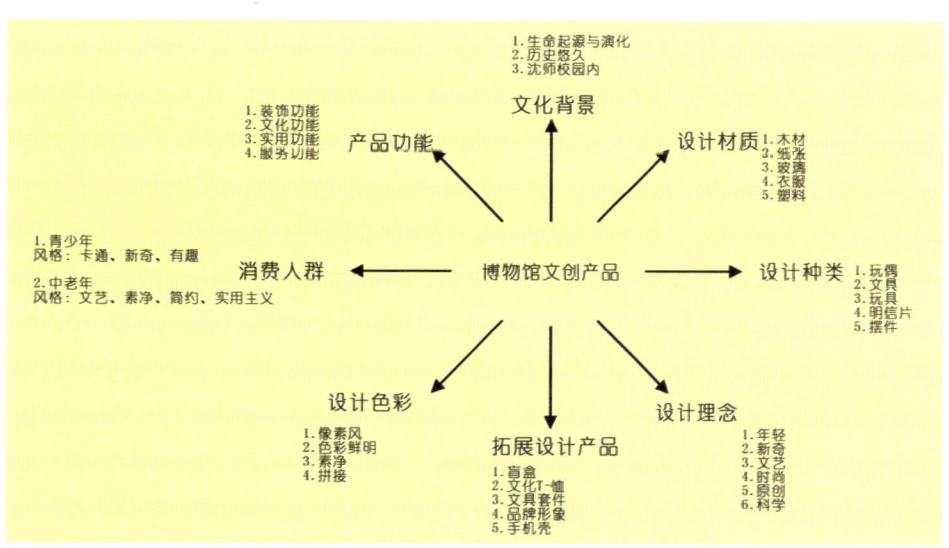

图6-1 博物馆文创产品思维导图

值得注意的是，在方案的设计中，学生的精力大量投入具体设计与制作中，往往会忽略后期的文案策划，一个好的作品想要被观者接受，文案有着不可或缺的作用，好的文案会更加全面地展现作品的内涵，提升整个方案的层次，引发观者共鸣，如图6-2所示。

地球记忆品牌文创设计作品，以古老的化石为设计元素，选取具有辽宁省博物馆代表性的化石形象进行演化设计，形成了平面具象形象与卡通形象的基本辅助图形，并将这些辅助图形应用到不同的产品之上。值得一提的是品牌Logo的设计，以地球记忆的英文首写字母e和m为基础，利用正负空间形成了可爱的卡通恐龙形象，整体标志识别度高、生动形象，并体现了古生物博物馆的典型特征，如图6-3~图6-6所示。

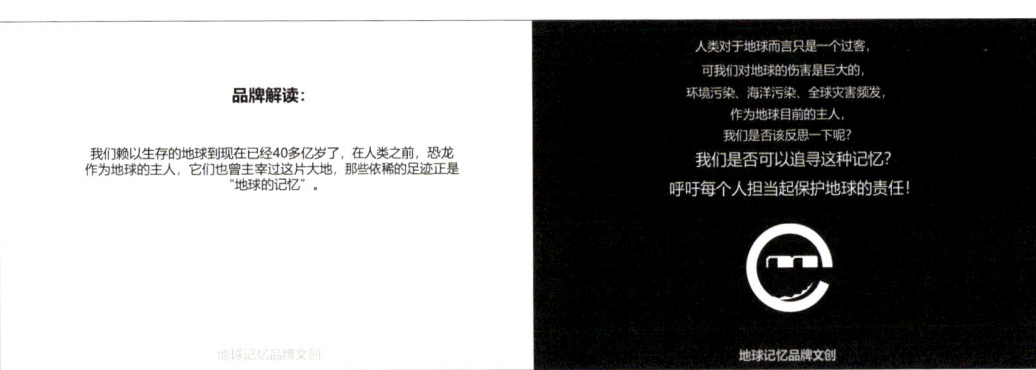

图6-2　地球记忆文案

图6-3　地球记忆办公用品　李鑫建　栗翠

二、经典文化品牌文创案例

沈阳故宫博物院又称盛京皇宫,为清朝初期所建的皇家宫苑。始建于1625年,总占地面积6万多平方米,有石建筑114座,500多间,至今保存完好。它是中国仅存的两大皇家宫殿建筑群之一,也是一处包含着丰富历史文化内涵的古代遗址。作为城市的标志性文化代表,沈阳故宫的文创发展与北京故宫的文创发展的火热势头形成鲜明的对比。相比之下,沈阳故宫的文创产品仍然停留在产品没有特色、设计匮乏的阶段,此种状况激发了学生的设计热情。

在设计中如何彰显设计目标自身特色,与市场现有的文创产品形成区别是比较困难的问题。解决这一难题就要深入研究设计目标的独有特征,比如特征鲜明的大政殿、十王亭、凤凰楼等,如图6-7所示,以这些具有典型特征的元素进行设计,作品就会呈现出别具一格的风貌。

以代表性建筑为设计元素,运用现代构成的平面方式转化成二维形态的建筑辅助图形,为将来进一步的产品设计积累设计素材,并形成整体设计风格。其中,标志的设计来源于沈阳故宫最具代表性的大政殿,将其外部形态与盛京的"盛"字相结合,并运用书法的线条来表现,展现了沈阳故宫的深厚文化底蕴,如图6-8~图6-16所示。

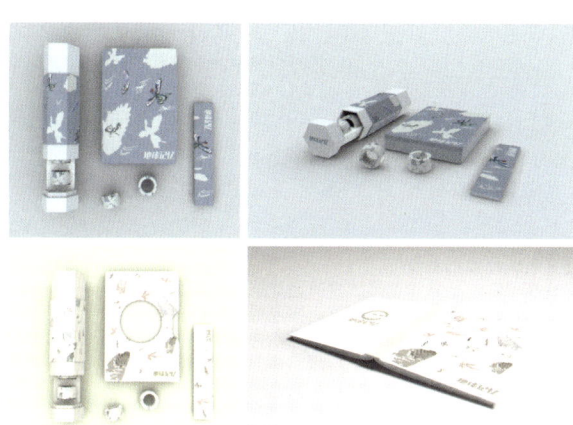

图6-4 地球记忆文具 胡琴庆

图6-5 地球记忆生活用品 胡俊皓 李鑫建

图6-6 地球记忆卡通形象产品 胡俊皓

图6-7 沈阳故宫博物院大政殿

形态草图

沈阳故宫文创的品牌形象设计，利用沈阳故宫博物馆藏品和沈阳故宫典型建筑进行延展，沈阳故宫文创几个系列涉及的建筑、纹样，提取经典进行再创作。其中包括建筑大政殿、凤凰楼、十王亭、永福宫以及馆藏的清明黄芝麻纱彩绣平金龙袍和清掐丝珐琅甪端。纹样包括海水江崖纹样、朵云纹。

辅助（一）

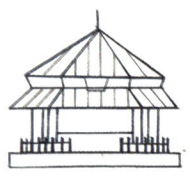  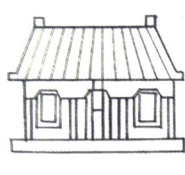 

  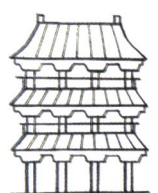 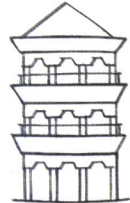

图6-8　标志设计与辅助图形　刘奥祺

图6-9 辅助图形 刘奥祺

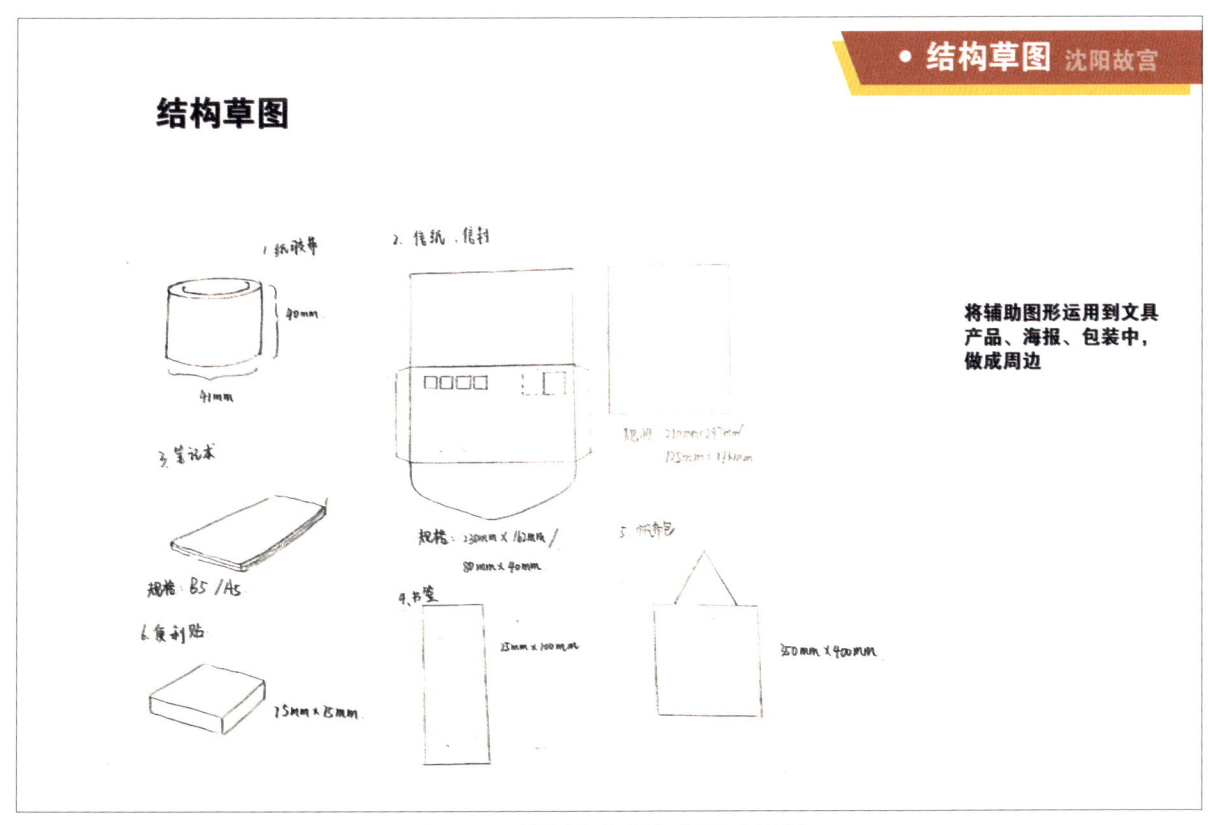

图6-10 辅助图形与结构草图 刘奥祺

辅助图形

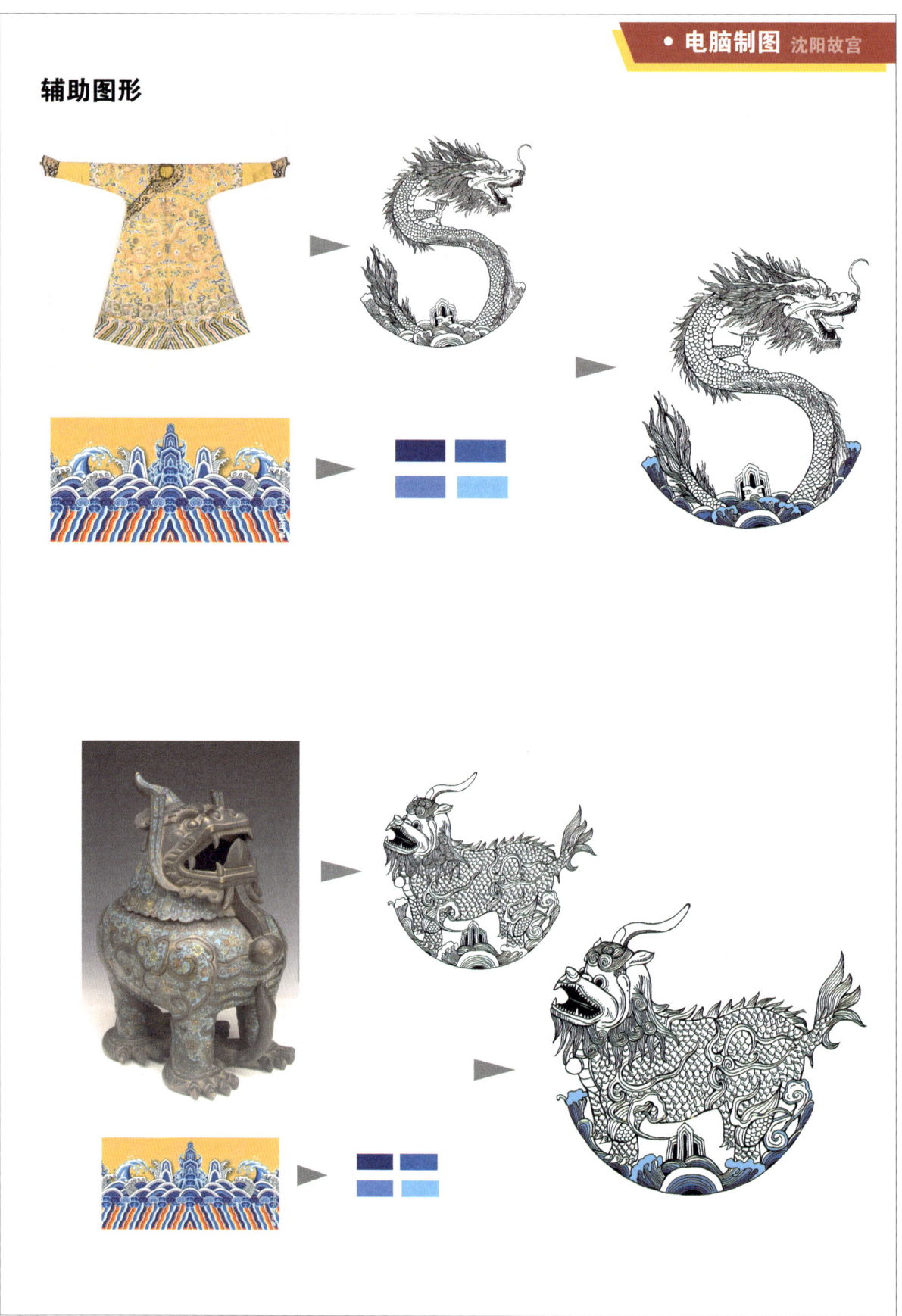

图6-11　辅助图形电脑制图　刘奥祺

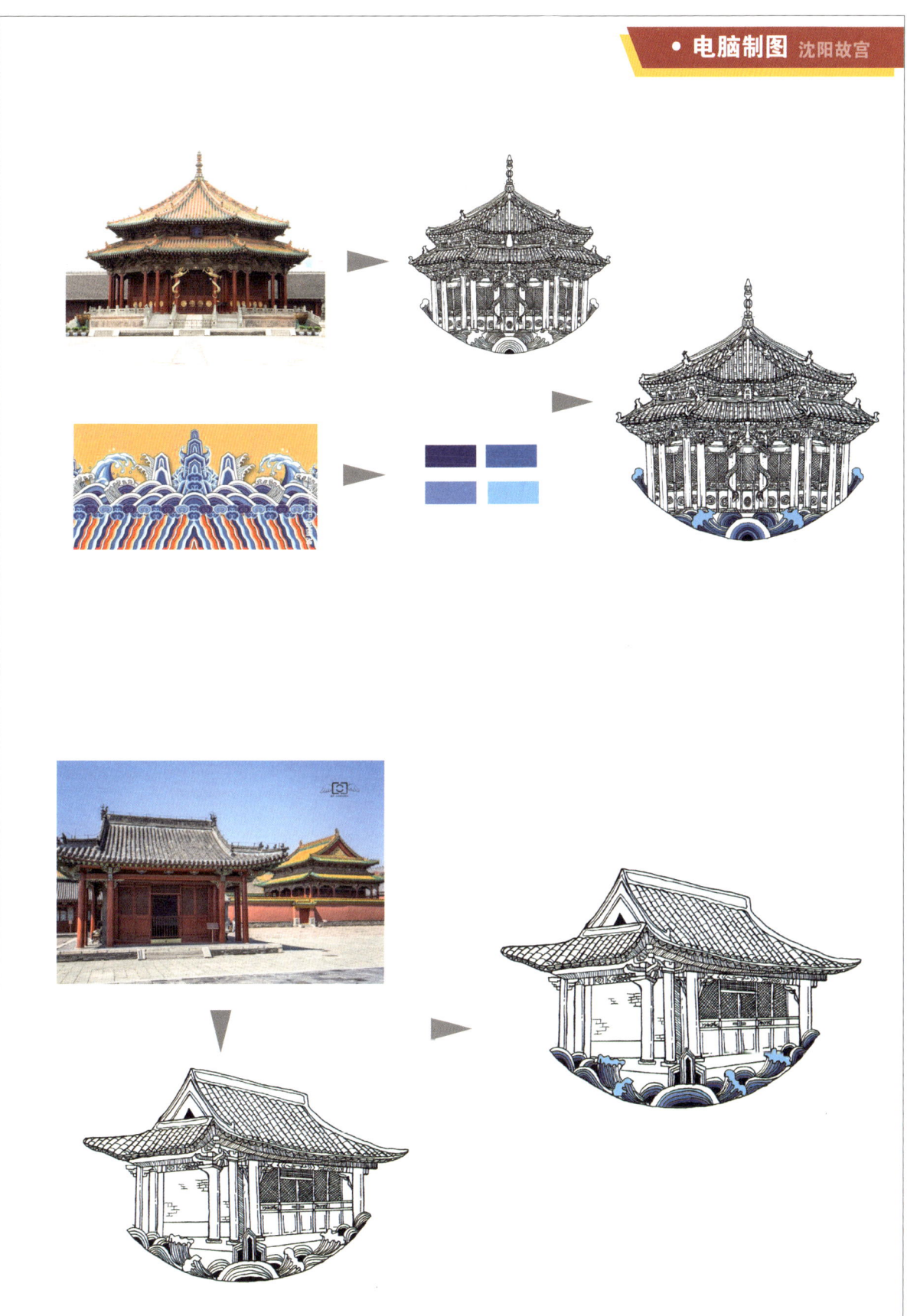

图6-12 电脑制图1 刘奥祺

图6-13 电脑制图2 刘奥祺

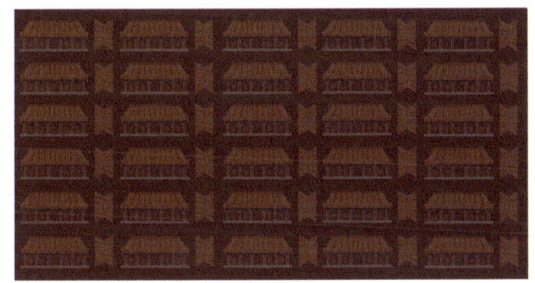

图6-14 产品包装设计 刘奥祺

• **产品与包装展示**

图6-15 产品与包装 刘奥祺

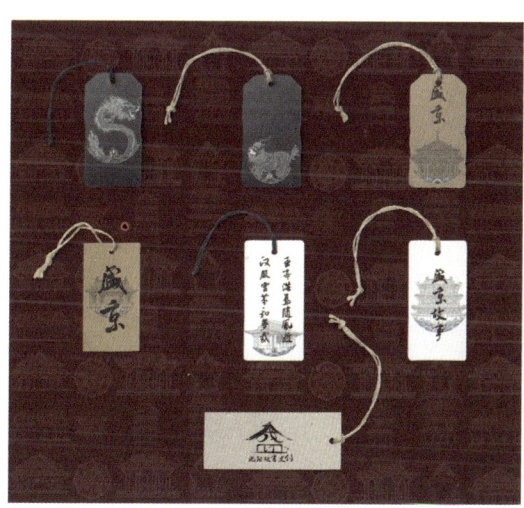

图6-16　衍生产品　刘奥祺

第二节 文创产品研发案例

一、盛京大剧院文创产品设计案例

盛京大剧院外形酷似一颗钻石，是一座极具现代感的建筑，是现代艺术的聚集地。学生根据钻石的外部形象元素设计一系列文创产品。

设计者将钻石的切割面运用到手机壳、书立、充电宝和钢笔等日常生活可以用上的产品当中，既可丰富大剧院的文化产品内容，又可以宣传和推广剧院，如图6-17～图6-21所示。

图6-17 盛京大剧院外观

图6-18 钻石造型钢笔 廖文钰

图6-19 钻石造型充电宝 廖文钰

图6-20 钻石造型手机壳 廖文钰

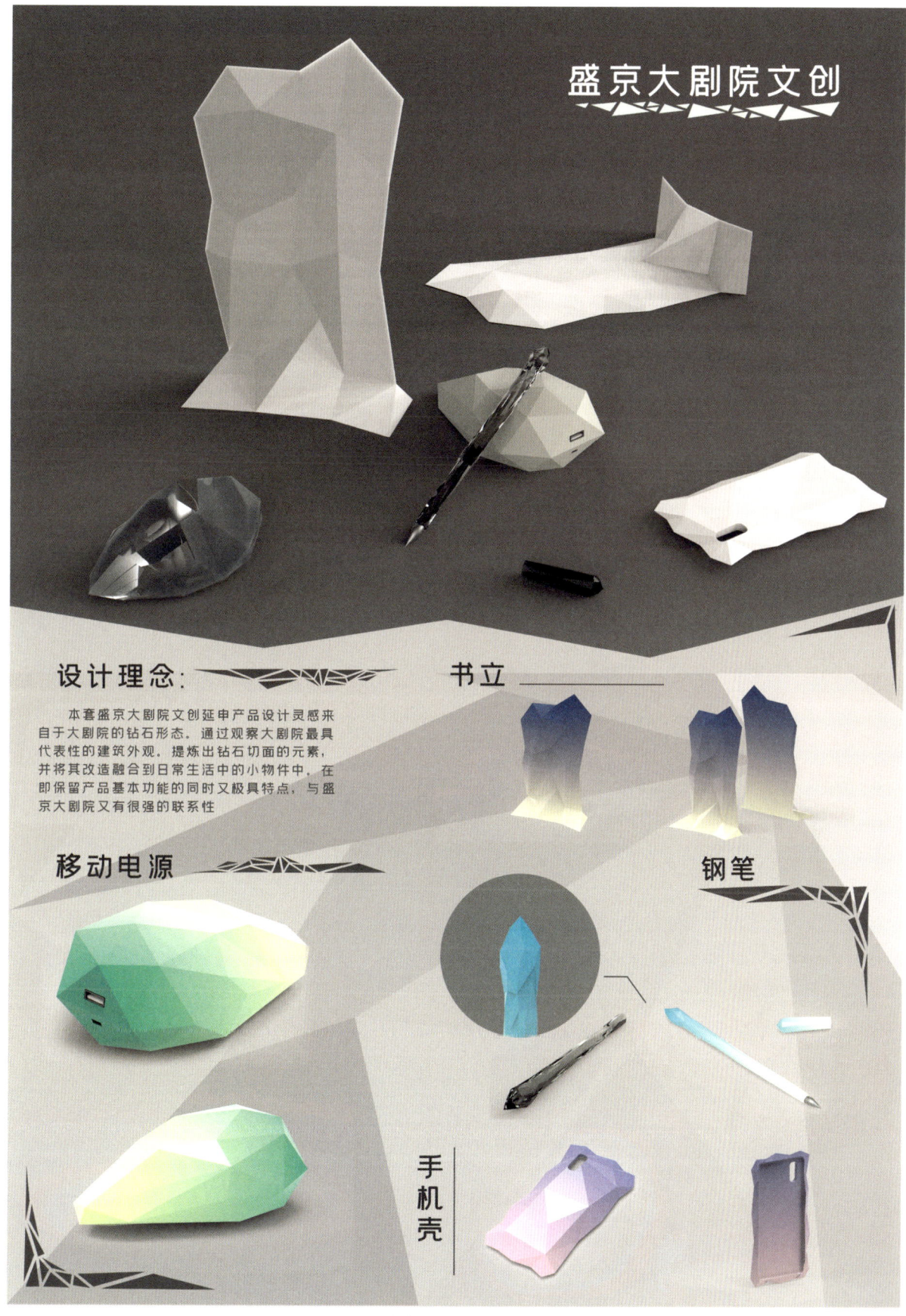

图6-21 盛京大剧院文创产品 廖文钰

二、盘结芳华文创产品案例

旗袍是闻名世界的中国传统服饰，深受中国女性喜爱。其中，盘扣是旗袍的一大亮点。盘扣，发源于古老的"绳结"，经过历代的发展，获得了中国最美扣子的美誉，它不仅兼具实用与装饰性，且取材内容寓意丰富，形态优美、变化多样。盘扣以其细腻、婉约的手工扦边和独具美感的盘花扣，已经成为中国非物质文化遗产的一部分。盘扣的扭转迂回表现出中国传统文化中一丝不苟的自我涵养诉求，精巧的盘扣中更蕴含古典审美对精致的追求。盘结芳华正是以传统盘扣为设计元素开发设计的一系列文创产品，如图6-22～图6-26所示。

图6-22　盘结芳华系列书签、书立　白宇婷

图6-23　盘结芳华系列直尺　白宇婷

图6-24 盘结芳华系列
　　　U型夹　白宇婷

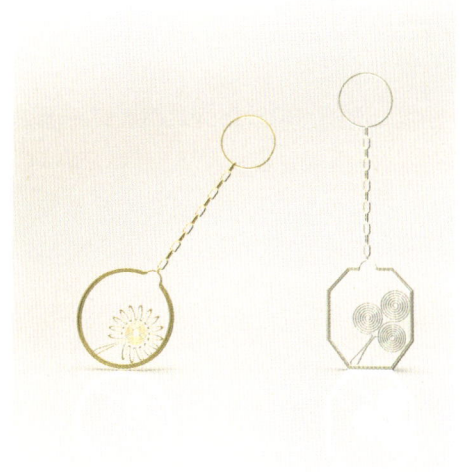

图6-25 盘结芳华系列
　　　装饰链　白宇婷

图6-26 盘结芳华系列
　　　产品包装　白宇婷

第六章　文创产品案例

三、八旗文创产品案例

八旗文创产品以满族八旗文化为设计元素，提取红黑色彩与八旗服饰轮廓特征设计组合。同时考虑到年轻人为购买消费的主力军，最终将产品定位于家居产品和学习办公用具，试图突破沈阳故宫文创产品的不够实用、不够耐看、无法激起消费者购买欲的现状。八旗文创产品在产品设计上以实用性为主；在产品外观上和寓意上赋予八旗文化元素，不是一味搬抄外观；在创新方面，主要运用八旗的铠甲经典配色，使消费者一眼能够看见并且能够记住这款产品。

盆栽摆件整体形态偏向可爱有趣，设计灵感来源于满族八旗形象，并将其Q萌化。如果消费者喜欢种植多肉，可以将其头部打开，将多肉等小型盆栽种下。如果不喜欢可以单纯当作摆件摆放在家中，增添色彩，如图6-27所示。

八旗针线收纳盒主要设计灵感来源于八旗盔甲上的圆形小装饰，在盔甲上可以穿插针线，将盔甲变成一个可以存放缝衣针的针线包。周围均匀分布的塑料棒灵感来源于士兵手上所持的兵器，它可以根据线筒的多少自由搭配。在盒子下方可以旋转打开，方便存放多余的缝衣用具。同时，透明的塑料壳又使八旗针线盒成为一个摆件，装饰性与实用性兼具，如图6-28~图6-30所示。

图6-27 八旗小盆栽 江楠

多角度视图

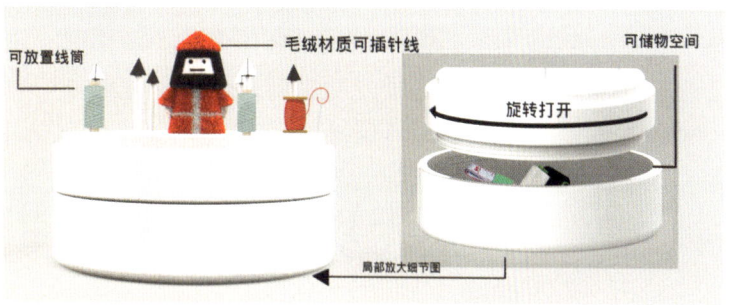

图6-28　八旗针线盒1　江楠

图6-29　八旗针线盒2　江楠

局部图

图6-30　八旗针线盒3　江楠

第六章　文创产品案例

四、唐派京剧戏曲文创

京剧是中国传统戏曲文化的代表，唐派京剧是其中独树一帜的一支。此套文创作品就是以唐派京剧为设计目标进行相关文创开发。

文创的切入点是了解唐派京剧的戏曲文化，然后将这些文化转化为日常使用的产品。设计者针对年轻人与戏曲接触较少的问题，将戏曲元素带到日常的生活用品之中，希望更多的人能够明白唐派京剧的讲究、韵味、文化，将唐派京剧更好地传承下去。

根据戏曲剧目中具有代表性的篇章，比如《未央宫》，挑出其有代表性的人物形象进行几何化设计，更容易被现代年轻人接受。在人物造型上参考具有代表性的舞台服饰及动作，设计成适用于当今社会需求与审美的产品，拉近传统文化与社会大众的距离，走入大众生活，起到文化传承的作用，如图6-31～图6-34所示。

图6-31　唐派京剧戏曲文创1　王爱莺

图6-32　唐派京剧戏曲文创2　王爱莺

图6-33　唐派京剧戏曲文创3　王爱莺

图6-34　唐派京剧戏曲文创4　王爱莺

五、城市建筑标示

图6-35、图6-36为沈阳建筑标示设计，设计师通过文化调查，发现城市经典地标并没有突出的记忆点，更没有足够的吸引力，为了更好地传承经典、传播文化，让游览者或对当地文化感兴趣的人们有耳目一新的感觉，设计师致力于设计一系列城市地标性建筑标识，从文化和建筑入手，结合现代元素，打造一系列趣味视觉形象。与此同时，该系列趣味建筑标识还可以应用于儿童绘本、手账等有教育、收藏价值的产品上。

图6-35 建筑标示设计1 姜璐宜

图6-36 建筑标示设计2 姜璐宜

六、植物园品牌设计

图6-37是关于植物园的品牌设计，设计属于植物园的Logo用于植物园的宣传与包装，用植物的可爱卡通形象作为辅助图形，采用手绘的形式设计出清新可爱的品牌形象，应用于产品的包装，以及餐具、T恤、信纸等方面。

图6-37　植物园文创设计　金琦琦

七、沈阳故宫博物院经典文物文创设计

图6-38、图6-39是以沈阳故宫文创为主题，以馆藏的清代水晶雕笔架山为设计元素进行设计的一套产品。设计者抓住了水晶雕笔架山的外部形态特征，以山的剪影形式设计，前后山峦的变化塑造出了山脉的层次之感。笔架在使用功能上有所创新，针对普通笔架内部日久积尘，较难清理的问题，设计了可拆卸的硅胶插笔垫，硅胶上的孔洞可随意插入不同规格的笔，而且不易倾倒，是一款美观且实用的产品。

图6-38　山水笔架　颜斐然

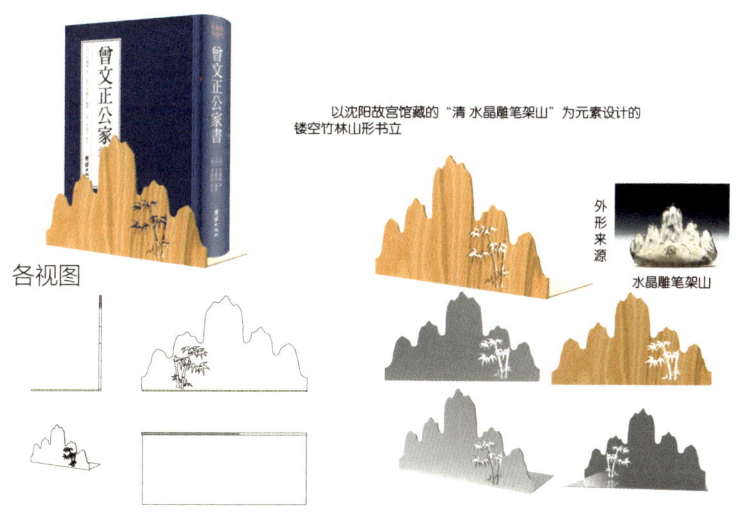

图6-39 山水书立 颜斐然

八、青山炉文创设计

香炉是香道必备的器具，此作品将清龙袍装饰纹样与博山炉相融合，形成别具韵味的香炉造型。当使用者把香放进炉内点燃，缓缓飘出来的烟别有一番雅致。山之生机、养育万物。以青山为盖，青烟袅袅，古意盎然，雅趣之味。设计师希望每一位使用者在使用该产品时，能用一种更加轻松的方式去解读中国传统文化内涵，传递一种积极向上的生活态度（图6-40）。

图6-40 青山炉 宋美妮

九、如意形态文创设计

图6-41展示的如意冰箱贴以清乾隆御用掐丝珐琅大冰箱为主要创作元素，形成趣味文创产品，设计师将其形象转化成二维形态，设计出精致小巧的冰箱贴，将传统经典引入现代日常生活。

图6-42展示的如意便携小风扇提取清乾隆掐丝珐琅大冰箱的降温排气孔，并将其转化为风扇的散风孔，将传统纹饰与现代造型相结合，精致小巧、方便携带。

图6-41　如意冰箱贴　项涵潇

图6-42　如意便携小风扇　项涵潇

十、狍子形象文创设计

图6-43的狍子冰箱贴以呆萌可爱的狍子为设计来源,设计师模仿狍子受惊以后尾巴的白毛会炸开的特点进行设计,突出狍子的呆萌可爱形象。设计分为头和臀两部分,狍子头和小屁股处可活动的弹簧设计使整个作品动了起来,活灵活现。

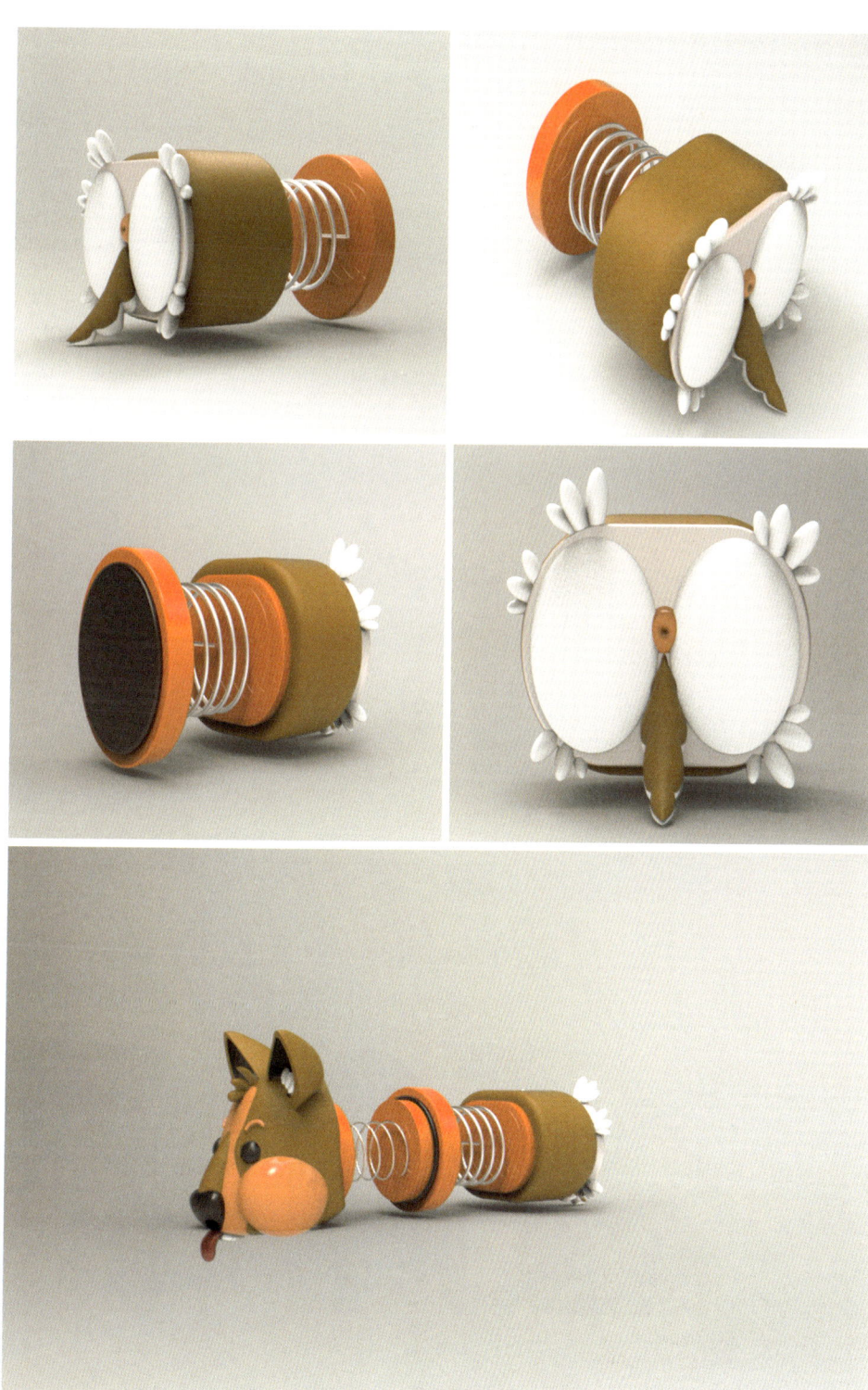

图6-43 狍子冰箱贴 项涵潇

十一、鱼神灯文创设计

图6-44中,设计师将鱼神图腾元素结合现代设计,希望通过灯来带给使用者温暖与光明的感受。鱼神与灯结合形成具有观赏性的现代鱼神灯,在精神寄托的基础上加上实用价值,并通过材料置换将原始材料替换为现代科技新材料增加其透光性。

十二、朱克柔茶具文创设计

图6-45以朱克柔《山茶蛱蝶图》为元素设计,用山茶花的形象装饰快客杯,在满足使用者便携需求的同时增加了产品的审美性与文化内涵。

图6-44　神鱼灯　项涵潇

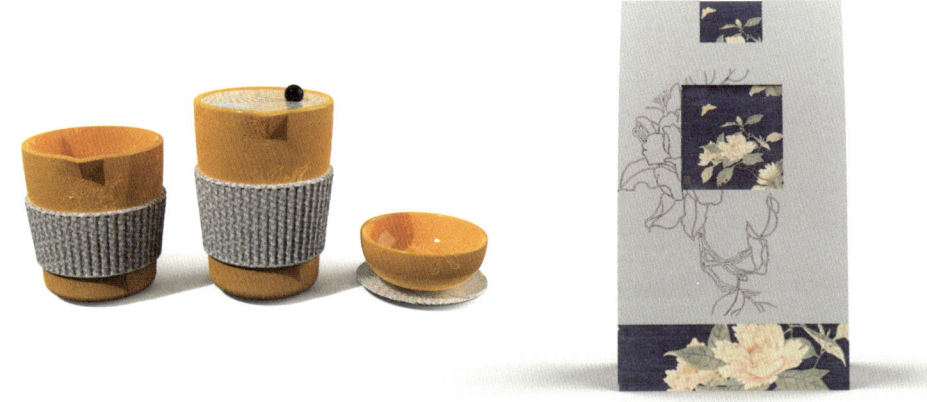

图6-45　山茶花文创快客杯　项涵潇

十三、景颇族刺绣文创设计

图6-46的景颇手机支架选取景颇族服饰刺绣纹饰作为装饰，既做到了审美与实用的结合，又具有鲜明的民族特色。

图6-46　景颇族手机支架　宗宇

十四、孔子形象文创设计

图6-47的孔子庙文创产品是关于孔子形象文创产品的包装设计，小包装的外形借鉴于孔子庙，盒子的颜色各不相同，并分别写有仁、义、礼、智、信。

图6-47　孔子庙文创包装设计　宗宇

十五、其他文创产品（图6-48至图6-50）

图6-48　龟先生油壶　赵佳琦

图6-49　钟楼时刻器　杨黎静

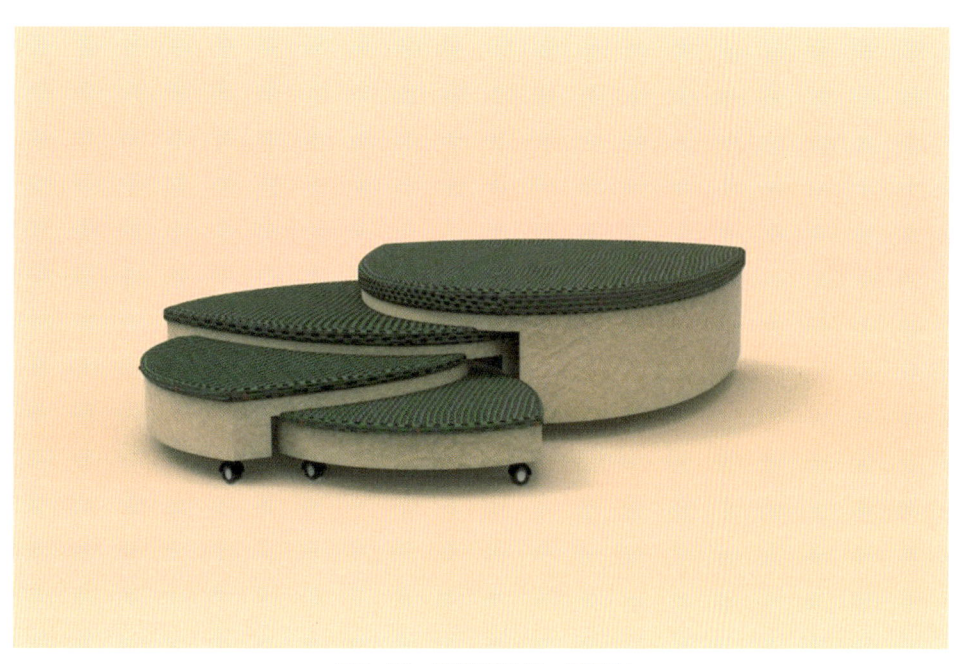

图6-50　盾牌折叠椅　杨星宇

章节作业

要求学生以已掌握理论为基础，分析研究优秀文创产品设计案例形成个人的思考论证。

1. 优秀案例设计思路、设计方法分析。

2. 形成优秀设计案例分析报告。

考核评价标准：分析能力、知识迁移力、审辩能力、工作态度。

思政题

简述设计师在传播中国优秀传统文化、增强文化自信中的作用。

第七章 文创产品营销策划

　　文化与经济是并列关系模式下的恒久主题，两者是一体化的共生进程。文化自身就是新的经济增长点，是转变经济增长方式的重要体现，也是一个国家综合实力的独特呈现，可以说文化艺术产业已经成为以创意创新驱动为特征的现代经济的重要组成部分。

　　文化创意产业是在新的经济形势下产生的一种以创造力为核心的新兴产业，正逐步发展成为潜力无限的新兴经济门类，由此衍生出的文创产品也呈井喷式的发展趋势。在经济全球化及社会发展新趋势的作用下，消费者对精神文化生活的追求日益强烈，随之带来的精神文化领域的消费也相应增多。文化产品是文化资源开发的主要表现形式，可以更好地拉近消费者与文化之间的距离。

　　文创产品不停地开发、生产，品种的不断增多，同质化大增的市场环境中竞争越发激烈。消费者的购买意愿多取决于文化产品的附加价值和潜在价值。而文创产品营销肩负着文化推广和商业发展的双重任务，如何满足消费者需求，并实现自身价值，为社会所认可，是文创产品设计人员要考虑的首要问题，学习文创产品的营销思维、营销模式、营销理念，有利于促进文创产品进一步的设计与开发。

第一节　文创产品的整合营销

一、文创产品整合营销的基本概念

　　文创产品是文化创意产品的简称，是指在总结文化、文明及其创作、创造的基础上，在经济生活发展过程中，体现人类文化与文明的产品。

　　文创产品是文化繁衍的商品，能够积极地促进文化事业的发展。文创产品主要有以下两个特征：

1. 文创产品的特殊性

文创产品相较于市场上其他同类产品蕴含更丰富的历史文化价值和人文价值。

2. 文创产品的创新性

文创产品不能相互仿造或者相互抄袭，要基于自身特点进行创作，要将其中的文化底蕴与现代审美相结合。

整合营销是对各种营销手段和营销工具的系统化的微妙结合,战略性地扫视营销体系、行业、产品及客户,从而制订出契合产品理论和实际情况的营销战略,并以消费者为核心,综合协调、使用各种形式的传播方式,实现与消费者的双向沟通,树立产品品牌在消费者心中的地位,有效地达到提升产品知名度、美誉度以及产品销售的目的。

二、文创产品的整合营销

整合营销在文创产品领域逐渐兴起和发展,取得了一定的市场效果,符合新形势下数据化、信息化的要求,是目前市场中文创产品常使用的营销方法。

自2016年5月国家文物局联合文化部共同下发《关于推动文化文物单位文化创意产品开发的若干意见》,促使国内各大知名博物馆开始摸索与自己相关的文创产品整合营销之路。如图7-1所示,年销售额近1500万元的苏州博物馆文创产品,就是通过特色文创产品的宣传,走出了一条独特的江南"婉约派"风格。"博采众长"的上海博物馆也是线上线下齐发力,四家线下专卖店加线上销售,实现年销售额近4000万元的文创收入。这份收入,是上海市所有博物馆文创收入总和的近八成。

图7-1 苏州博物馆文创产品

第七章 文创产品营销策划

这些文创产品的成功依赖于整合营销的方法，线上线下全渠道推广运作，整合文创产品的4P，并运用有效的传播工具针对特定的消费人群，进行信息的传播，在展览、藏品、互联网网站、商品销售等方面都取得了不俗的业绩。

1. 定义文创产品的4P策略

在文创产品市场营销组合观点中，4P理论营销策略是指：Product、Price、Place、Promotion，即：产品、价格、渠道、促销。

（1）产品的组合

产品的组合是指文创产品的品牌、实体、包装和服务。文创产品的设计要不同于市场上常见的明信片、纪念册等，更应注重趣味性和创新性。如图7-2所示，百事可乐与妈妈制造两家企业合作推出刺绣瓶、环保袋等文创产品，为潮流文化注入了非遗技术，增强了产品的趣味性和创新性。

（2）定价的组合

定价的组合是指文创产品基本价格、折扣价格和付款时间等，说简单一些就是指发售文创产品所追求的经济回报。产品进入市场，常规的定价策略包括：按成本定价、按价值定价、按比较定价。

图7-2　百事可乐的"京绣罐"文创产品

①按成本定价。狭义的成本指的就是生产制造成本。而广义的成本还包括风险成本、机会成本、知识成本等。按成本定价的文创设计产品，应该增加必要的成本部分，以强化产品的市场盈利能力，扩大销售份额。

②按价值定价。按价值定价的文创产品，其生产制造成本在其定价中几乎是可以忽略的，主要的价值在于该类产品的附加价值，按价值定价的文创产品容易产生爆款。

③按比较定价。这一定价方式主要是针对市场同类产品、竞争产品的价格来确定。按比较定价的产品市场竞争激烈，通常靠差异化营销获利，持续盈利较差。

（3）渠道的组合

渠道的组合是指文创产品的分销渠道、运输设施、存货控制，它代表企业为使其文创产品进入和达到目标市场所组织、实施的各种活动。

图7-3为吉林市博物馆围绕馆藏文物开发出一系列文创产品，这些文创产品深受消费者的喜爱，并进入位于世纪广场购物公园地下二层文创街区的"城市之光"书店进行分销。

（4）促销组合

促销组合是指企业使用各种信息载体与目标消费者进行沟通的传播活动，包含人员推销、广告推销、营业推广与公共关系等。如图7-4所示，河北省石家庄市那些花儿文化创意有限公司工作人员录制视频推介文创产品，开展"云端"销售文创产品，通过网络直播方式进行线上营销。

产品、价格、渠道、促销四方面的因素是文创产品进行市场营销活动的主要手段，也是文创产品营销过程中可以控制的因素。

2. 赋予文创产品全新的品牌形象

随着社会的发展，我国文化消费市场迅速增长。不断变换和更新的文化创意产业抢夺着市场关注，赋予文创产品全新的品牌形象，向前推动正向循环，逐渐成为主流的传播方式。

（1）用创新包装设计刺激需求

好的产品包装本身就是一件优秀的文创产品。产品包装是消费者视觉感触的第一步，产品包装与产品品质契合度越高，塑造出的品牌价值就越高，

图7-3 吉林市博物馆文创产品进入"城市之光"书店分销

图7-4 网络直播销售

图7-5 "敦煌有礼"礼盒文创 敦煌博物馆

也更能够凸显文创产品的附加值。视觉包装和心理包装是文创产品包装的重点,不仅能够美化产品,也能给消费者带来全新感受。如图7-5所示为敦煌博物馆推出的"敦煌有礼"礼盒文创产品,包装设计提升了品牌价值,引导了消费需求。

(2)用文化底蕴提升产品内涵

如何让更多人了解一个历经五千年兴衰的文明古国,让中国传统文化与艺术重获新生,这是一项重要而又神圣的使命。文创产业要传承先辈智慧结晶,首要任务就是要找到传承与创新的平衡。

文创产品的设计承载了文化及故事,这是与工业设计最主要的区别。在文创产品开发过程中导入"内涵创新",加入"人文"因素,给消费者讲故事,告知消费者文创产品的来源、背景,让消费者在故事中产生认同感,从而激发消费行为。从这个意义上理解，消费者购买的可能是一个故事，而不仅仅是一件物品。

如图7-6所示的"良品中秋"月饼礼盒，文创产品一改月饼只可以食用的寓意，赋予其全新的文创产品寓意。同样用敦煌博物馆的文创产品举例，不同的产品包装，文化底蕴尽显。

（3）用IP形象唤醒消费者欲望

对于文创产品而言，通过创新的包装引起消费者注意，通过文化内涵激起消费者兴趣，那么IP的打造则是"唤醒"消费者更深层次的消费欲望，并从根本上解决了同质化竞争带来的顽疾。通过IP形象可以凸显文创产品的主题性、形象性、互动性和延展性。

①打造人物IP带动文创经济。如某网络红人单条视频播放量超过6300万次，微博粉丝量将近2500万，在YouTube上更是拥有800多万的粉丝。其品牌团队研发、监制的系列美食在天猫旗舰店热卖，其本人也逐渐从视频博主慢慢向文创品牌IP蜕变，同时海内外知名度和影响力也不断上升。如图7-7所示，通过人物IP进行文创产品的设计升级，一方面，人物本身就具有的故事性和话题性，这就为产品注入了更为深层的解读；另一方面，文创产品能够更直接地更广泛的抵达消费市场。

② 塑造形象IP缔造文创品牌。在互联网时代，可以通过亲切化、动漫化和拟人化的形象进行IP塑造，更好地诠释文创产品的人文精神、美学特质和创新价值，把抽象的艺术表达功能化和具象化，让消费者更加喜爱。

如图7-8所示，台湾最成功的农业文创品牌——"掌生谷粒"，这个品牌从日常生活出发，走访了解台湾各地用心耕作的稻农，用影像记录，以文字书写。品牌生机勃勃的商机都是在台湾的饮食文化底蕴里发掘出来的，塑造了农业的经典形象，奠定了业界地位。

③ 撬动内容IP，深耕文创品牌。商品不仅要满足消费者的预期需求，更要创造感动与惊喜，走在消费者心理的前端。当今社会背景条件下，各种文化创意产品琳琅满目，如何让文化和产品相结合，让历史和当代人的生活相结合，深耕文创品牌，是文创设计者要考虑的问题。真正深耕文化的土壤，将更深厚的文化内涵融入文创产品，才能决定文创产业能否实现升级、拥抱未来。目前的文创产业，在规模上已经实现了量的突破，文创产业的升级离不开对传统的继承，更离不开与时俱进的创新。

赋予文创产品全新的品牌形象，不仅要走心，更要走入人心。创造性的继承传统、加强文创产品创新力度、深度融合产业与文化，才能够涌现出更多的文创产品和文创形态，创造更多的商机，让消费者迸发品牌忠诚度和认同感，最后激发全社会的文化自信心和文化归属感。

图7-6 "良品中秋"月饼礼盒
敦煌博物馆与良品铺子联合推出

图7-7　某品牌文创食品

图7-8　台湾农业文创品牌"掌生谷粒"

第二节　文创产品的新媒体营销

新媒体是指数字网络出现后的媒体形态，泛指通过互联网和宽带局域网，利用网络技术和数字技术等形式向用户提供服务和信息的传播形态。利用新的媒体营销形式进行文创产品的销售，能够降低产品的销售成本、提高产品销售率，带来可观的经济效益，从而有力支持文创产品的蓬勃发展。在这个过程中，文创产品的知名度和美誉度也在无形中被扩大，有利于实现社会效益最大化的终极目的。总结我国的文创产品线上营销，新媒体营销渠道包括文创产品的官方网站营销、文创产品电商平台独立网店营销、文创产品的社群营销。

一、文创产品的官方网站营销

官方网站的文创产品营销是指文创产品的所属单位或企业，进行品牌推广、信息公开、产品信息发布以及文创产品在线销售。文创产品的官网营销可遵循：官方网站的建立、文创产品的信息发布、文创产品的交易以及网站的管理四个操作步骤来进行。官方网站营销是文创产品新媒体营销的首要环节。

1. 文创产品官方网站营销的重要性。

官方网站是文创产品品牌形象的第一站，是最及时的信息传播途径。从官方网站渠道上购买文创产品，对消费者而言可信度是极高的，消费者更加放心、省心、安心。官方网站可以同步线上和实体店的文创产品，提升品牌竞争优势和运营效率，有效缩短时间与空间的差距，既保障文创产品出品方的权益，又保障消费者的利益。可以说官方网站运营既是文创产品新媒体运营的基础，也是文创产品经营效益的保证。

2. 文创产品官方网站营销的优势及劣势。

（1）文创产品官方网站营销优势

①在官方网站渠道销售文创产品，技术设计相对简单，操作也更为方便；

②不用单独推广商店网站,节省了时间、人力和财力成本。

(2)文创产品官方网站营销劣势

①企业文化与文创两者风格难以完全统一;

②难以全方位展示产品,购物体验感不强;

③售后服务难以满足消费者需要。

二、文创产品电商平台独立网店营销

利用电子商务企业提供的网上营销平台进行文创产品的销售,可称为电商平台独立网店营销。国内知名的电商平台如淘宝网、天猫网、京东商城等,这些都是电子商务企业网上运营的交易平台。这些大型电商企业实力雄厚,在交易过程中安全可靠,也更加有保障,而且平台的营销支持度高,营销推广的效果更强。

电商企业为用户提供一站式的购物便利渠道,大量聚集了目标消费者,为网店的信用度和信誉度提供保证,优势也显而易见,操作容易、成本低廉、不限制产品数量,开设网店成为文创产品新媒体营销的首选方式。

文创产品所属企业或单位,要在多方面提高推广文创产品销售的力度,提升自身的服务质量。比如故宫博物院在天猫网开设旗舰店,成功将故宫文创产品推进新媒体营销热潮,引得广大消费者的关注与喜爱,同时也为博物馆文创产品新媒体营销开创了新思路。故宫博物院积极运用网络平台进行宣传、跨界合作,粉丝数已经达到300多万,文创产品年收入上亿元,如图7-9所示。

图7-9 天猫网故宫博物院文创旗舰店

三、文创产品的社群营销

社群是指社会中的一种群体,基于一定的需求和爱好而聚在一起的群体。社群营销渠道有很多,这里主要介绍适合文创产品销售的社群营销渠道,主要包括微博营销和微信营销。创意驱动的社群营销首先通过微博吸引粉丝关注,与粉丝进行交流互动,再用微信公众号作为微博平台的补充,利用朋友圈进行文创产品的交流和传播,最后利用App平台实现文创产品的深度传播。在新媒体营销的过程中,把文创产品的生命力和创造力全部迸发出来,吸引粉丝和用户主动参与到文创产品的宣传推广当中去。

1. 文创产品的微博营销

对文创产品而言,微博是重要的网络营销推广基地,文创产品的发布、优惠活动的举办等信息,都可以通过微博快速传播。微博作用文创产品就是要促进文创产品推广和文创产品营销。打开微博,每天都有新鲜的事件和话题,而文创商家就可以利用这个特性进行软文营销,在此,总结软文营销的若干技巧:

(1)140字打造精华软文

文创产品的微博营销,可以用最短的字数直奔主题,吸引粉丝眼球,再抛出疑问句引发讨论,引发更多人共鸣,还可以巧用"@"功能与名人、粉丝互动。

(2)善于借助时下热门话题借势营销

文创产品的微博营销要紧抓网络的热点话题,找到受众感兴趣的点,将软文和热点话题相结合,可以有效地提高消费者的关注度。当"锦鲤"走红于网络时,故宫博物院官方微博账号发了一张这样的图并配文:"转发这条买买买锦鲤!一年都可以买买买!",如图7-10所示。

2. 文创产品的微信营销

微信是网络营销的典型平台,谈及文创产品的网络营销推广,微信平台是必不可少的。

(1)文创产品的微信公众号运营

如何选择公众号类型是微信公众平台的首要步骤,是微信公众平台的运营者需要结合自身因素考虑的首要问题。微信公众号的账号类型有三类,分

图7-10 故宫博物院微博图片

别是订阅号、服务号和企业号。微信公众号的运营者需要选择自己的账号类型,一旦账号建立,类型就不能再修改了,但是订阅号可以升级到服务号。

①订阅号,主要偏向于为用户传递资讯,具有发布信息和传递信息的能力,适合媒体和个人注册。

②服务号,服务号倾向于交互服务,具有提供业务服务和用户管理服务的能力,适合企业和团体组织注册。

③企业号,主要适用于公司内部的通讯活动,能够实现企业内部沟通与协调的能力。

选择公众号类型,要结合文创产品自身的实际需要,可以通过一张图来把握三种类型账号的特点,如图7-11所示。

(2)文创产品的微信小程序运营

微信可以把从微博、线下等各个渠道收集到的

忠实粉丝进行核心用户管理，微信的价值很重要的一项就是客户管理。通过公众号运营的方式，借粉丝之口把想要传达的产品信息传达出去。文创产品的微信营销更偏重品牌推广，可以利用微信小程序实现销售。

提到微信小程序，大家并不陌生。众多商家纷纷入驻微信小程序，蘑菇街利用小程序加入300万目标消费者，小程序也让美丽说的关注人数增长15倍，摩拜更是通过小程序带来30倍的新注册增长率，小程序用它出色的分销效果吸引了众多商家。文创产品微信小程序该如何进行营销？从哪些方面进行营销呢？

①利用会员、优惠券。在使用微信小程序营销的过程中，可以开发会员系统和优惠券功能，定期向会员发放优惠券，用这样的方式与消费者互动，不仅能够提升用户的留存率，还能有效刺激用户的消费欲望，不断实现重复消费。

②拼团、砍价。为了更加快速地展现小程序的营销效果，让产品信息快速有效地传播出去，可以向成功的拼多多学习，用拼团、砍价的模式将商品价格分为不同的档次，即单买价和拼团价，让消费者通过邀请亲朋好友一起购买达到触发用户主动分享、转发的目的，这样用户就会主动将小程序分享到群组、私聊等地方，实现销售目的。

③积分兑换、秒杀。消费者在小程序注册成为会员后，通过购物或者推荐新户注册，会获得相应的积分奖励，当积分达到一定的数量时，就可以当作现金使用了，这些积分可以用于购买小程序中的产品。

还可以把一些稀缺商品和低价商品放到小程序里，在某些特定的时间节点做秒杀活动，用这种方式吸引更多人去关注小程序，从而达到抢购产品的目的。这样做不仅可以卖出商品，还能够赚到人气和流量，提高平台的转化率。

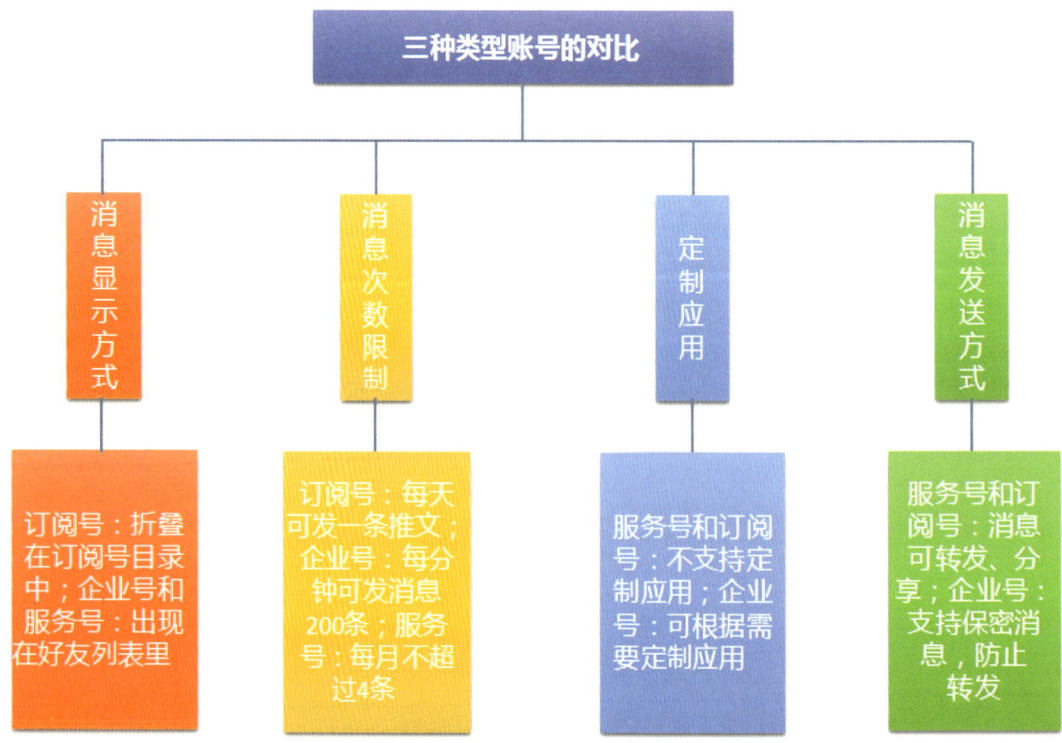

图7-11 三种微信公众号的特点

文创产品可以通过以上三种微信小程序营销的方式提高用户的黏性，帮企业和商家留住客户，抓住营销机会，提升业绩。

　　新媒体营销为文创产品的营销提供了新的营销思路。文创产品在新媒体营销中是占有很大优势的，它不仅仅是简单的产品，还有更丰富的文化内涵做支撑。虽然目前在产品研发上仍有很多局限性和不足需要改进，但在宣传内容及推广上有更多的发挥空间。在进行文创产品营销时，应借鉴已经成功的文创产品的经验，通过研究自身产品的特色，结合文化多层次多角度营销，实现文化推广与销售盈利的双赢。

章节作业

要求学生在完成作业过程中把握思维连续性，以范例为研究基础，形成个人的思考论证。

1. 课堂范例研习。

2. 优秀营销案例搜集与分析，每人1例。

考核评价标准：分析能力、总结概括力、工作态度。

思政题

简述讲好中国故事在文创产品营销中的作用。

参考文献

[1] 周承君，何章强，袁诗群. 文创产品设计［M］. 北京：化学工业出版社，2012.

[2] 逐艺黎苗TOP36. 你期待的非遗文创是什么样子. SMART度假产业平台.

[3] 帅立功. 旅游纪念品设计［M］. 北京：高等教育出版社，2007.

[4] 乔舒亚·菲尔茨·米尔本，瑞安·尼科迪默斯. 极简主义［M］. 李紫译. 长沙：湖南文艺出版社，2017.

[5] 于清华. 英国陶瓷产品设计［M］. 重庆：西南大学出版社，2017.

[6] 高忠兰，刘晓光，姜宇冰. 艺术设计中的象征化解读［J］. 装饰，2005（9）：22-23.

[7] 柳冠中. 设计方法论［M］. 北京：高等教育出版社，2011.

[8] 胡飞，杨瑞. 设计符号与产品语义：理论、方法及应用［M］. 北京：中国建筑工业出版社，2012.

[9] 李泽厚. 美的历程［M］. 北京：生活·读书·新知三联书店，2009.

[10] 丁伟. 文创设计新观：设计力量激活文化价值［M］. 北京：北京理工大学出版社，2018.

[11] 叶亮，路琳. 基于有用性与新颖性维度区分的员工创造力概念及其影响因素研究［J］. 科技管理研究，2015：252-258.

[12] 张占东. 延长产品成熟期的策略［J］. 销售与市场，1995（8）：48-49.

[13] 近年来有哪些新兴的工业设计材料（产品方向）. 华新意创设计，2019.

[14] 沈阳故宫历史沿革. 沈阳故宫博物院官网，2019-01-28.

[15] 幕小刚. 老沈阳记忆［M］. 北京：当代世界出版社，2018.

[16] 赵砚彤. 新经济下博物馆文创产品整合营销策略分析，（2018）29-0182-02.

[17] 谭贤著. 新媒体营销与运营实战从入门到精通［M］. 北京：人民邮电出版社，2018.